财报的秘密

财务报表分析从入门到精通

陈樾 著

内 容 提 要

本书是一本实用、系统的财务报表阅读指导手册,涵盖财务报表基础内容、财务报表案例分析、财务造假分析、财务指标和财报阅读思维五大核心模块。

本书结构和内容如下:第一部分(第一章)主要介绍财务报表的基本情况及需要了解的财务基本概念;第二部分(第二~五章)主要介绍财务报表中的资产负债表、利润表、现金流量表及其他重要信息,梳理财报的结构与内容;第三部分(第六章)主要介绍财务指标及财务模型,为读者建立投资坐标系;第四部分(第七~八章)主要介绍财务造假及其内容,帮助读者练就火眼金睛。

本书适合财务入门者、对投资理财感兴趣的或正在进行投资理财的读者,帮助读者建立系统的财报阅读体系,彻底提升思维方法,从而成为一位基础扎实的投资学习者。

图书在版编目(CIP)数据

财报的秘密:财务报表分析从入门到精通/陈樾著. —北京:北京大学出版社,2020.8
ISBN 978-7-301-31387-9

Ⅰ.①财… Ⅱ.①陈… Ⅲ.①会计报表–会计分析 Ⅳ.①F231.5

中国版本图书馆CIP数据核字(2020)第109842号

书　　　名	财报的秘密:财务报表分析从入门到精通 CAIBAO DE MIMI: CAIWU BAOBIAO FENXI CONG RUMEN DAO JINGTONG
著作责任者	陈　樾　著
责任编辑	张云静
标准书号	ISBN 978-7-301-31387-9
出版发行	北京大学出版社
地　　　址	北京市海淀区成府路205号　100871
网　　　址	http://www.pup.cn　　新浪微博:@北京大学出版社
电子信箱	pup7@pup.cn
电　　　话	邮购部 010-62752015　发行部 010-62750672　编辑部 010-62570390
印　刷　者	北京鑫海金澳胶印有限公司
经　销　者	新华书店
	720毫米×1020毫米　16开本　12.5印张　167千字 2020年8月第1版　2020年8月第1次印刷
印　　　数	1-4000册
定　　　价	39.00元

未经许可,不得以任何方式复制或抄袭本书之部分或全部内容。
版权所有,侵权必究
举报电话:010-62752024　电子信箱:fd@pup.pku.edu.cn
图书如有印装质量问题,请与出版部联系。电话:010-62756370

前言

之前上会计课的时候，最怕在夏天的下午上。头顶的风扇嗡嗡地响，蒸腾的暑气直往教室里跑。当时的我刚开始学习会计、财务管理课程，苦闷又无助，不得不反反复复、来来回回地面对一堆公式、图片以及原理，枯燥得要命。如果碰见一个有口音的老师，很有可能下午就得"见周公"。直到很多年后，因为投资需要，不得不重新捡起那些学过的知识，我才突然发现，原来这些知识竟与实际联系如此紧密。财务知识是一扇门，推开门就能看见更广阔的世界。

借着这次写书的机会，我把自己学习的财务知识再次梳理了一下，以便将这些知识相对系统地展示给大家。

这本书给大家提供了财务报表阅读分析的结构框架以及所需要的基础知识。本书的章节安排如下。

第一章介绍财务报表是什么，同时介绍与之相关的一些会计知识。这一章的内容是为之后学习阅读财务报表打基础，使读者能够接触会计学的一些基础假设、理论与框架，知道财报在哪里找，从而初识会计思维和财务报表。

第二章至第五章分别介绍了资产负债表、利润表、现金流量表以及所有者权益变动表等具体的财务报表。这说明在掌握基础会计知识之后，我们就要开始拔高了——认识、了解、掌握这些报表框架，这些会计工作的艺术品。

第六章介绍了与股票投资相关的财务指标，同时也介绍了一些基础估值模型。这一章给读者提供了一些简单的指标分析，普及一下企业估值的基础知识。在了解了财务报表的结构及其内容后，大家还需要了解许多指标的评价体系，以及企业的几类基础估值模型。

第七章介绍了财务造假的基本动机、手法以及操作细节，并配有经典案例。虽然所有的财务分析判断都建立在财务报表真实、数据真实的基础上，但现实是，财务报表完全有可能造假，所以我们又要从起点开始做基础工作——发现和识别虚假财务报表。这一章就是帮助大家梳理和分析财报造假思路，从而对其加以识别。

第八章做了两个简单的案例分析，帮助读者找到阅读财报的感觉。

读完本书，希望读者即使不能成为顶级财务专家，在面对一整套企业财务报表时也至少不会手足无措，知道从何处着手阅读分析，并判断企业有哪些基本的财务问题、造假风险有多高、规模多大、利润回报如何、现金流好不好、分红怎么样等。如果能帮助大家做到这一步，那么这本书就没白写。

总而言之，这本书涉及财报阅读的方方面面，希望本书能够给大家提供一个系统认识财务报表的机会。同时，这本书也是有趣味的，希望大家能够读得开心，有一个良好的阅读体验，不会感觉到枯燥。

学好本书的财务报表知识，读者能够少走许多弯路，但如果是有更高要求的读者，还有不少"高峰"要攀登。因此，在每一章的最后，我都提供了一系列书单，为读者做"梯"，供大家后期深入学习、勇攀高峰所用。

最后，感谢您翻看本书，希望它能在财务报表阅读分析这件事上带给您一定的帮助！但百密一疏，内容难免有疏漏之处，欢迎读者批评斧正！

目录

第一章 不懂财务报表,怎么当老板? / 1

1.1 财务报表就是公司的体检表 / 2
- 1.1.1 财务报表是什么? / 4
- 1.1.2 财务报表有什么用? / 5
- 1.1.3 阅读财报对投资的意义 / 7

1.2 阅读财报前必须掌握的核心知识点 / 10
- 1.2.1 会计恒等式 / 10
- 1.2.2 复式记账法 / 12
- 1.2.3 成本类型 / 14
- 1.2.4 会计原则与会计准则 / 22

1.3 全面解构财务报表基本框架与构成情况 / 27
- 1.3.1 财务报表的基本框架 / 27
- 1.3.2 财务报表各结构的详细介绍 / 27

1.4 下载财报的途径 / 29
- 1.4.1 上市公司官网 / 30
- 1.4.2 巨潮资讯网 / 30
- 1.4.3 使用爬取工具自动爬取 / 33

第二章 资产负债表:公司竞争力的终极体现 / 37

2.1 资产是什么? / 38
- 2.1.1 资产与资源 / 39
- 2.1.2 资产与人才 / 42

2.2 企业的资产来自哪里? / 43
- 2.2.1 负债与所有者权益 / 43
- 2.2.2 初识"财务杠杆" / 44

2.3 初识资产负债表的结构与关键内容 / 45
2.4 流动资产：没"钱"愁死英雄汉 / 47
 2.4.1 流动资产与非流动资产 / 48
 2.4.2 流动资产类科目 / 49
2.5 非流动资产：从房子、车子、厂子看企业未来的竞争力 / 53
 2.5.1 非流动资产 / 53
 2.5.2 非流动资产类科目 / 54
2.6 流动负债：新兴企业的绝地杀手 / 59
2.7 能升能降的非流动负债 / 61
2.8 所有者权益 / 62
 2.8.1 所有者权益类科目 / 63
 2.8.2 资产负债表的阅读：海底捞的小老弟 / 65

第三章 利润表：一张表读懂企业损益状况 / 75

3.1 利润表是股市暴风雨里的指南针 / 76
 3.1.1 利润＝收入－费用 / 76
 3.1.2 营业利润、利润总额及净利润 / 76
3.2 利润表的结构和关键内容 / 77
3.3 利润表重点项目介绍 / 80
 3.3.1 营业收入 / 80
 3.3.2 营业成本 / 81
 3.3.3 期间费用 / 83
 3.3.4 营业利润 / 85
 3.3.5 利润总额 / 86
 3.3.6 所得税费用 / 86
 3.3.7 净利润 / 88
3.4 如何通过利润表看企业竞争力 / 89
 3.4.1 整体盈利能力 / 89
 3.4.2 核心盈利能力 / 90

第四章 现金流量表：企业的供血系统 / 93

4.1 现金流量表及其结构 / 94

4.2 现金流量表的构成 / 95
　　4.2.1 经营活动产生的现金流量 / 98
　　4.2.2 投资活动产生的现金流量 / 100
　　4.2.3 筹资活动产生的现金流量 / 103
4.3 现金流量表的流入、流出比例及偿债能力分析 / 105
　　4.3.1 现金流量各项目结构分析 / 105
　　4.3.2 现金比率 / 109
　　4.3.3 净现金比率 / 110
　　4.3.4 现金再投资比率 / 111
4.4 快速编制现金流量表的关键思路 / 111
4.5 通过现金流掌握企业的财务状况 / 113
　　4.5.1 企业投资回报能力 / 114
　　4.5.2 企业日常营运效率 / 114

第五章　财报中的其他内容 / 117

5.1 所有者权益变动表：谁动了我的奶酪 / 118
5.2 所有者权益变动表的结构和关键内容 / 118
　　5.2.1 纵向项目解析 / 121
　　5.2.2 横向项目解析 / 122
5.3 财务报表附注：那些你要知道的小事 / 125
5.4 董事会报告：检查作业的时间到了 / 127
5.5 重大事项：不仅要说三遍，更要看三遍 / 128
5.6 股票选择权 / 129
5.7 从融资顺序看企业竞争力 / 130
5.8 首次公开募股 / 132
5.9 现金股利 / 132

第六章　一看就懂的财务指标 / 135

6.1 常用财务指标 / 136
　　6.1.1 偿债能力指标 / 136
　　6.1.2 营运能力指标 / 139
　　6.1.3 盈利能力指标 / 139

6.2 证券分析指标 / 141

6.2.1 K线指标 / 142
6.2.2 大阳线与大阴线 / 142
6.2.3 十字线 / 143
6.2.4 移动平均线 / 143

6.3 常用估值模型 / 145

6.3.1 资本资产定价模型 / 146
6.3.2 现金流折现模型 / 149
6.3.3 市盈率模型 / 149
6.3.4 清算价值模型 / 153
6.3.5 市净率模型 / 154

第七章 练就一双识别财务造假的火眼金睛 / 156

7.1 造假动机与粉饰类型 / 157

7.1.1 造假动机 / 157
7.1.2 粉饰类型 / 158
7.1.3 粉饰手法细节类型及详解 / 159

7.2 财报审计的那些事 / 163

7.2.1 审计意见 / 165
7.2.2 什么是内部控制 / 166
7.2.3 注册会计师 / 167

7.3 财报造假识别总结 / 168

7.4 造假案例解析：绿大地 / 173

第八章 手把手带你读财报 / 177

8.1 蒙牛乳业：快消品是巴菲特的最爱 / 178
8.2 腾讯：互联网投资的逻辑全部在这里 / 184

后记 这本书想要带给读者什么 / 189

参考文献 / 191

第一章

 不懂财务报表,怎么当老板?

1.1 财务报表就是公司的体检表

1.2 阅读财报前必须掌握的核心知识点

1.3 全面解构财务报表基本框架与构成情况

1.4 下载财报的途径

1.1 财务报表就是公司的体检表

某位在投资领域成绩颇丰的投资家，曾在一次股东大会上无不自豪地说："我这一生做过的所有投资，从未有一次蚀过本金。"

他是如何拥有如此高超的投资本领的呢？

"财务报表是公司的体检表，多重视都不过分。"这是股神巴菲特的人生信条。巴菲特说过，自己用来做决策的信息，全部是公开信息。他最爱阅读的，就是各大公司的财务报表。

把财务报表比喻成体检表非常贴切，因为两者确实有着非常高的相似性。体检表和财务报表（以资产负债表为例）模板的对比如图 1-1 所示。

体检表

姓名/Name:	性别/Sex:	年龄/Age:	任职岗位/Rank:	2寸免冠照
五官系统(Vision& Hearing)				
裸眼远视力：左　右	裸眼近视力：左　右	色觉:		
矫正远视力：左　右	矫正近视力：左　右	暗适应:		
视　野：左　右	电测听力：左　右	有无复视:		
语言:	其他:			

意见(point of view)：
听力是否满足要求(hearing is satisfactory)　是 Yes □　否 No □
视觉是否满足要求(vision is satisfactory)　是 Yes □　否 No □
医师签名(signature of doctor)：

外科(Surgery)

身高　cm	体重　kg	甲状腺	皮肤	脊柱	四肢
泌尿生殖器		浅表淋巴结		其他	

意见(point of view)：是否有各种限制(any limitation/restrictions)　是 Yes □　否 No □

医师签名(signature of doctor)：

内科(Internal Medicine)

血压　/　mmHg	心律	脾脏	呼吸音	神经反射	肌力
心率　次/分	感觉	肝脏	肾脏	肠鸣音	平衡协调
呼吸频率　次/分		其他			

意见(point of view)：是否有各种限制(any limitation/restrictions)　是 Yes □　否 No □

医师签名(signature of doctor)：

心电图(ECG)：　医师签名(signature of doctor)：
超声波检查(B-ultrasound)：　医师签名(signature of doctor)：
胸部X线检查(Chest X-ray)：　医师签名(signature of doctor)：
化验检查（Laboratory examination)：　血型:
职业限制和禁忌证（Occupational restrictions and contraindication）：

医师签名(signature of doctor)：

结论(Conclusion)：

主检医师签名/日期：
(signature of the recognized medical practitioner /date)　（健康体检机构单位盖章）

失效日期（年/月/日）/Expiry date(year/month/day):________________

资产负债表

编制单位：　年　月　日　单位：元

资产	行次	期末余额	年初余额	负债和所有者权益	行次	期末余额	年初余额
流动资产：				流动负债：			
货币资金				短期借款			
交易性金融资产				交易性金融负债			
应收票据				应付票据			
应收账款				应付账款			
预付款项				预收款项			
应收利息				应付职工薪酬			
应收股利				应交税费			
其他应收款				应付利息			
存货				应付股利			
一年内非到期的流动资产				其他应付款			
其他流动资产				一年内到期的非流动负债			
流动资产合计				其他流动负债			
非流动资产：				流动负债合计			
可供出售金融资产				非流动负债：			
持有至到期投资				长期借款			
长期应收款				应付债券			
长期股权投资				长期应付款			
投资性房地产				专项应付款			
固定资产				预计负债			
在建工程				递延所得税负债			
工程物资				其他非流动负债			
固定资产清理				非流动负债合计			
生产性生物资产				负债合计			
油气资产				所有者权益（或股东权益）：			
无形资产				实收资本（或股本）			
开发支出				资本公积			
商誉				减：库存股			
长期待摊费用				盈余公积			
递延所得税资产				未分配利润			
其他非流动资产				所有者权益（或股东权益）合计			
非流动资产合计							
资产总计				负债和所有者权益（或股东权益）总计			

图 1-1　体检表和财务报表模板的对比

从图中可以看到，两者都含有丰富的项目与指标，具体项目对比如下。

体检表中有"姓名""性别""年龄"等基础信息；财务报表中有"编制单位""年月日"等基础信息。

体检表中有"五官系统""外科""内科"等大类科目；财务报表中有"资产""负债和所有者权益"等大类科目。

同样的，两者在各大类科目下面又有许多细分的小项目。

下面我们通过图1-2，看看体检表与财务报表（以资产负债表为例）有哪些异同。

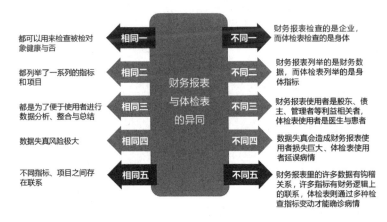

图1-2 财务报表与体检表的异同

由此不难看出，只有学会分析财务报表，才能为企业把脉寻医，帮助企业更好地发展。

从某种意义上说，财务报表的阅读者就是主治医生，他能够将企业健康与否看得清清楚楚。因此，要想学会分析财务报表，不能靠临阵磨枪，而要靠平时扎实地学习，做到心里有数、脚下有路。希望读者在学完本书之后，能够有所收获。

会计是一门商业语言，从这个角度来看，会计师就是"翻译家"，他们把日常的经济事项用规范的"会计语言"表达出来，然后经过汇集、整理，最终形成财务报告，便于使用者了解企业的全貌。

1.1.1 财务报表是什么?

我们知道,学习的首要问题是弄清楚概念,那么学习财务报表的首要问题就是弄清楚财务报表的概念。

"财务报表是什么?"这个问题难住了许多初学者。下面我们用最直观的比喻来帮助大家初步了解财务报表的概念,如图1-3所示。

图1-3 财务报表是什么

财务报表是指在日常会计核算资料的基础上,按照规定的格式、内容和方法定期编制的,综合反映企业某一特定日期财务状况和某一特定时期经营成果、现金流量状况的书面文件。

反映某一特定日期财务状况的报表,是资产负债表;反映某一特定时期经营成果的报表,是利润表;反映某一特定时期现金流量状况的报表,是现金流量表。上述三张表被称作"三大报表",是现行的主表,在财务报表中意义重大。除此之外,财务报表还包括股东权益变动表与财务报表附注。

直观地看,财务报表是关于企业财务等信息的报表。如果把会计看作一门编程语言,那么会计师就是程序员,财务报表就是汇编的程序代码。

财务报表是企业的体检表。有了它,管理人员就能够全面了解企业当前的"健康"状况，看看哪些"指标"有问题，比如是不是该"输点血"（融资或者负债筹措资金），是不是该"多运动，减减肥"（用账上多余的钱进行高效投资），是不是"器官出了毛病，需要做手术"（业务经营情况差、利润低或者业绩下滑等，需要精简机构或者调整战略），然后对症下药，分析并预测企业发展前景，以改善和提高经营管理效率。

财务报表是管理层向股东报告的"成绩单"。有了它，股东们就能更好地掌握企业这一年的经营情况，比如今年跟去年或之前相比是进步了还是退步了、哪些地方需要改正、哪些地方值得表扬等。

财务报表是企业经营的"得分板"。有了它，管理人员就能清晰把握企业处在行业的什么位置，企业的指标与同行相比好在哪、差在哪、原因是什么等。"得分"的高低，决定着企业业绩排名的先后。能在企业经营中站 C 位者，不是最漂亮的，而是"得分"最高的。

1.1.2 财务报表有什么用？

知道了财务报表是什么之后，第二个问题就来了：财务报表有什么用？

企业本质上是一个利益联结体，即各方利益的综合配置。一般来说，企业的利益方大致包括：老板（大股东）、经营者（管理人员）、普通投资者（小股东）、债权人以及政府。可以说，财务报表能为各个利益方提供相应的财务信息，但因为需求不同，不同的利益方关注的财务报表内容也不尽相同。

作为老板，关注的是如下几点。

企业经营得如何？

今年的利润如何？与往年和同行相比怎么样？

如何激励和管理团队？

企业的发展方向是否需要调整？

老板通过阅读财务报表，可以了解企业的盈利情况、每年的分红情况等。他们最关心的是利润表与股东权益变动表。

作为经营者，关注的是如下几点。

企业规模如何？

利润有没有提升？跟同行相比如何？

发展趋势如何？业务竞争力如何？

经营者通过阅读财务报表，可以了解自己的经营业绩，以便查漏补缺，在将来做得更好。如果业绩亮眼，经营者就可以拿着这份优秀的成绩单，要求股东们涨工资。

作为普通投资者，关注的是如下几点。

利润如何？盈利能力如何？

投资回报率如何？

风险高不高？

能否分红？如何分红？

截至 2019 年年底，中国沪深两市共有 3700 多家上市公司，且数量还在不断增加。投资者不可能对每一家公司都进行实体调查，因此阅读财务报表是了解企业情况最便利的方法。

作为债权人，关注的是如下几点。

企业安全吗？能否持续经营？

资产充足吗？负债高吗？

今年是赚了还是赔了？对我的借款有影响吗？

债权人通过阅读财务报表，可以掌握自己的债务情况，一旦发现有不安全因素，就会及时止损。

作为政府，关注的是如下几点。

收入多少？纳税情况如何？

行业发展前景怎样？

经济过热还是过冷？经商环境如何？

政府有关部门通过阅读财务报表，可以了解整个行业的情况，出台更人性化的政策，引导经济的发展。

1.1.3 阅读财报对投资的意义

在本书中，投资是指狭义上的股票投资。与债券投资、货币基金投资等相比，股票投资风险要大许多，而且由于股票投资的标的物是企业，因此投资者不得不时刻关注企业情况，并对企业的现状与前景有相对准确的判断。这要求投资者必须做到宏观、微观双管齐下，才能成为"7亏2平1赚"的那个1/10。正如老股民所总结的，投资者必须注意六个方面，即股票基本面分析、行业了解（分析）、经济周期、投资哲学、投资心态、公司估值（见图1-4）。

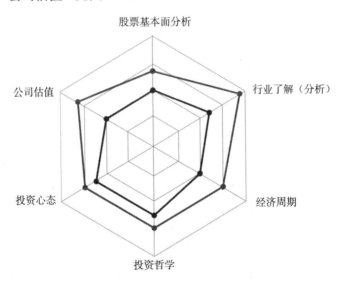

图1-4 投资者需注意的六个方面

其中股票基本面分析、行业了解与公司估值都与阅读财务报表有关系，需要进行系统培养。

谈到财务报表阅读与股票投资能力，我们必须先弄清楚股票投资的概念。

从本质上讲，股票投资是一种附带外部条件的买卖博弈。

假设企业价值始终不变，且不存在现金分红，那么股票投资（股价波动）就是唯一能够给投资者带来收益的方式。而这种方式必定是零和[①]的，因为股票买方的收入是卖方付出的成本，即成交价。一方赢则另一方必输，赢方（低买高卖者）赚的就是输方（低卖高买者）的钱，所以在理想条件（不支出交易费用）下进行交易，股票买卖是零和博弈。而如果算上交易费用，对于买卖双方而言就变成了负和博弈[②]。

此时还要加上外部条件：企业价值会变，且股票有现金分红。

股票是股份有限公司在筹集资本时向出资人发行的股份凭证，一份股票代表着一份出资人对企业的所有权。只要企业运营得当，实现盈利，企业价值增长，股票价值也会随之增长。比如，企业获得了1000万元的净利润，同时企业全部的1000万股在市场上流通，此时任意股东的每股都增加了1元的价值。也就是说，买卖不再是唯一能给投资者带来收益的方式。

通过上述分析，可得出如下结论。

第一，不考虑基本面（企业状况），投资的理想状态就是零和博弈，否则就是负和博弈。

第二，如果企业价值高于投资者投资时的买价，那么投资者从一开始就赚了。投资者的买价与实际价值（注意这里是价值而非价格，价格正是此时的买价）的差额就是巴菲特所说的"护城河"，也叫"安全边际"。买的越便宜，边际就越大。

第三，投资者必须能够估计企业价值，否则第二条就无从谈起。

当然，投资时除考虑基本面外，还要考虑市场情绪（这里并不是说要成为市场情绪的奴隶）。因为股票的价格并不只会受到企业价值的影响，还会受到市场上所有人看法的影响，而他们的看法往往是不理性的。

李笑来曾在一个访谈节目中谈道，"傻人的共识也是共识"。话糙理

[①] 零和：博弈论的一个概念，一方得利必然意味着另一方失利，双方得失相抵，总数为零，即为零和。

[②] 负和博弈：博弈的双方所得小于所失，即结果总额为负数。

不糙，这说明市场共识在短期内的重要性。《和氏璧传》的故事可予以佐证：一个叫卞和的琢玉高手，捧着一块玉石去找楚王。楚王的玉工不识货，认为它是块普通的石头。楚王认可了玉工的看法，于是把卞和的脚砍了。经历了三任楚王，卞和的两只脚都被砍了，直到最后遇见识货的楚文王，"和氏璧"才得以见到光明，成了楚国的无价之宝，后来还被打造成传国玉玺。可是，卞和的脚再也长不回来了。

其实，卞和在献玉前应该先打听打听玉工水平如何，楚王性格怎样、贤明与否。如果玉工水平太次、楚王性格暴虐，就先把玉石收着，等日后碰见识货的楚文王，再拿出来，也不至于失掉双脚。

可见，市场是不理性的，或者说很多人并不识货，但市场意见却能决定股票价格。这时，正确的做法就是顺着市场来，利用它找到低价买进、高价卖出的机会，然后等待其价值回归。

至此，阅读财报的重要意义就体现出来了。

投资者只有会阅读财报，才能够根据财报提供的各类信息分析企业能否让自己赚钱。但是只知道一家企业好不好，对于股票投资来说是远远不够的。

企业的价值如何，当前的股票价格是不是过高，这是第二个要解决的问题，也是最重要的问题——企业估值。如果这家企业非常棒，十分符合之前说的"好"企业的标准，但股价太高，甚至远远高出实际价值，那么好不好对于投资者而言已经不重要，因为没有投资的必要。

第三个要解决的问题是如何识别财务造假。前面两个问题的解决都是建立在财报真实可信的基础上的。如果信息虚假、资料错误，那么企业估值从一开始就是错的。

总而言之，能够阅读财报的投资者与对财报一无所知的投资者，从长期来看在股票投资这个领域将有巨大差距。前者能够抓住好机会成功"上车"，建立起成本优势，即安全边际，获得股票价格回归价值的利润。后者只能依靠与其他投资者的对赌来"刺刀见红、你死我亡"地拼一个

"win-or-lose"的结果，但是多数会由于操作频繁，利润被手续费、印花税所吞噬，从而必败无遗。巴菲特选择做前者，这就是他能天天开着小车、吃着麦当劳早餐、管理着只有几十个人的伯克希尔，却轻轻松松成了世界上最有钱的老头儿的原因之一。

1.2 阅读财报前必须掌握的核心知识点

在阅读财报之前，我们必须了解一些有关财报的会计知识，比如财报的编制基础是什么、财报的项目含义是什么、财报是由哪几个部分组成的等。

上述内容都是我们在阅读财报之前必须掌握的核心知识点。财报本身就是会计工作的结果，所以这些核心知识绝大部分与会计有关。

1.2.1 会计恒等式

会计恒等式是揭示会计要素之间内在联系、体现各个会计要素总量相等关系的数学表达式，清楚地表现了资产、负债与所有者权益的关系。其中，资产是企业的全部家当，负债是企业欠的钱，所有者权益是股东投入公司的钱。

会计恒等式如下。

$$资产 = 负债 + 所有者权益 \quad (静态)$$

$$利润 = 收入 - 费用 \quad (动态)$$

静态的会计恒等式表示，企业所拥有的资产等于其负债与所有者权益之和。也可以理解为，企业拥有的资源（资产），要么是外借的（负债），要么是股东投资的（所有者权益）。这是在资产负债表中反映的要素关系。

动态的会计恒等式表示，企业的运营会带来收入，而带来收入的同时又会产生费用（例如为了卖粮食，必须先花钱买种子），收入与费用之差（卖粮食赚的钱减去买种子花的钱）即形成利润。如果收入大于费用，那么利润是正数，企业盈利；如果收入小于费用，那么利润是负数，企业亏损。这是在利润表中反映的要素关系。

以上会计恒等式（静态）项目的变动有表1-1所示8种增减情况。

表1-1 会计恒等式（静态）变动表

项目	资产	负债	所有者权益
向银行借款100万元	增（银行存款）	增（短期借款）	—
股东追加投资100万元	增（银行存款）	—	增（股本）
还银行借款100万元	减（银行存款）	减（短期借款）	—
股东抽回投资100万元	减（银行存款）	—	减（股本）
宣布现金股利分红（要分未分，所以导致负债增加，而资产未变）	—	增（应付股利）	减（利润分配）
债权人将100万元可转债转成股票	—	减（应付债券）	增（股本）
用银行存款100万元购买机床（银行存款变成固定资产）	一增一减（固定资产：增；银行存款：减）	—	—
向银行新借款100万元偿还旧债	—	一增一减（短期借款）	—
资本公积100万元转增资本	—	—	一增一减（股本：增；资本公积：减）

很多人可能会不太理解表中第一项的情况，即为什么借钱后资产反倒变多了，明明是欠钱嘛！

会计学认为，借入100元，就多了100元的资金，这笔资金可以使用，这符合资产的定义——在可预见的未来能带来经济利益。这时候，要在你的资产中加100元。但由于借了别人100元而增加了100元资产，就形成了债务关系，所以你的负债也增加了100元。在进行借款交易的时候，会计恒等式左右两边的资产与负债同时增加100元，因而等式依然是平衡的。

会计恒等式是现代会计的基石，更是复式记账法的基础。会计恒等式的变动完美地体现了会计业务上的变动。

其实，任何专业的背后都是对某一门类规律研究的系统性总结。会计恒等式类似于电磁学领域的麦克斯韦方程组，后者完美地解释和统一了电磁，并根据公式预言了电磁波的存在，而前者则把会计学科带入了复式记账时代。

会计恒等式非常重要，它不仅是会计处理经济业务的理论基础，同时也反映了所有企业拥有财产的对应关系。

1.2.2 复式记账法

复式记账法（Double entry bookkeeping）是以会计恒等式的平衡关系（资产＝负债＋所有者权益）作为记账基础，对于每一笔经济业务，都要以相等的金额在两个或两个以上相互联系的账户中进行登记，系统地反映资金运动变化结果的一种记账方法。

由于经济业务事项具有双重性（参考"会计恒等式"），加之资产与负债权益之间存在着自然的平衡关系，人们利用这一事实指导会计实践，便成为复式记账法的理论基础。

比如，把现金存到银行，是现金（资产）减少、银行存款（资产）增加。两者都是资产，根据"资产 ＝ 负债 ＋ 所有者权益"的会计恒等式，资产一增一减，数量相等，等式成立。在记账的时候，要同时记录现金减少、银行存款增加（"借贷"符号在会计里用来表示增减，这里只需读者理解其基本原理即可）。

再如，用银行存款偿还贷款，是银行存款（资产）减少、贷款（负债）减少。两者一个资产一个负债，根据"资产＝负债＋所有者权益"的会计恒等式，资产、负债同时减少，且金额相等，等式成立。在记账的时候，要同时记录银行存款减少、短期借款减少。

会计恒等式左右两边发生变动的金额加总后要求绝对相等，因此要同时在变动的科目里进行记录，这就是复式记账法。

知识链接

复式记账法的前世今生

复式记账法的演变经历了 300 年左右（13 世纪初至 15 世纪末）的时间，且这一演变过程都发生在中世纪意大利的商业城市（如威尼斯等）。当时，地中海沿岸某些城市的商业和手工业发展很快，于是出现了"资本主义最初的萌芽"。发达的商品经济，特别是地中海沿岸某些城市中十分活跃的商业和银钱兑换业，迫切需要在账本中获得有关经济往来和经营成果的重要信息。经过一段时期的孕育，复式记账法终于取得了重大突破，科学的复式记账法在意大利诞生了。复式记账法的演变大体上经历了三个不同的发展阶段。

第一阶段：佛罗伦萨式——复式记账法的萌芽阶段（1211—1340年）。这一阶段以 1211 年佛罗伦萨银行家采用的记账方法为代表。

第二阶段：热那亚式——复式记账法的改良阶段（1340—1494年）。这一阶段以 1340 年热那亚市政厅的总账为代表。

第三阶段：威尼斯式——复式记账法的完备阶段（1494—1854年）。这一阶段以 1494 年卢卡·帕乔利（Lusa Pacioli）著名的《算术、几何、比及比例概要》一书的正式出版为代表。本书的出版，使复式记账的优点及方法很快被世人认识并广为流传,因而具有划时代的意义,标志着现代会计的开始。至 1854 年爱丁堡注册会计师协会成立,会计开始正式成为一个独立的职业。

1.2.3 成本类型

成本中的机会成本与沉没成本都是会计中非常重要的成本类型,但前者并没有发生实际的支出,而后者发生了实际的支出。

1. 机会成本

机会成本是指企业为了执行某项活动而放弃另一项活动的机会,或利用一定资源获得某种收入时所放弃的另一种收入。

下面用一个比较贴近生活的例子为大家说明何谓机会成本。

 案例

一次和校花的失败恋爱

校花非常喜欢我,但为了把这本书写好,我天天在家埋头苦干,可谓头悬梁锥刺股,不得已放弃了和校花的约会。校花认为我很冷漠,便不再对我付出感情。那么我写这本书的机会成本,就是我和校花可能的爱情(一个悲伤的故事)。

如果几十年前马云在那个进行职业思考的风雨交加的夜晚选择继续当老师,或许就没有阿里巴巴集团什么事了,那么他当老师的机会成本可就太高了。

古语"鱼与熊掌不可兼得",说的就是机会成本!

千万不要小看机会成本,它对投资影响很大。在资源有限的情况下,如何进行有效配置是决策的关键。

在阅读上市公司财报的过程中,我们可能会发现一些不错的公司,这时问题来了：是重仓某只股票还是分散投资呢？最近降准、降息消息频出，资金流动性很高，是否应该配置贵金属、房产等资产？

投资策略不同，获得的收益也不同。从结果来看，最优秀的投资策略只有一个。

机会成本的客观存在，要求投资者必须慎重作出投资决策。同时，还要谨记巴菲特的名言："炒股的诀窍有两条：第一条，不要赔本金。第二条，永远记住第一条。"

2. 沉没成本

沉没成本是指已发生或承诺、无法回收的成本支出。沉没成本在经济学上有个非常重要的特性，即决策无关性。也就是说，投资者在做决策的时候，不需要也不应该考虑这项成本。

为什么呢？下面仍用校花的案例进行说明。

案例

校花该不该跟渣男分手

毕业之后，校花交了一个新男朋友，两个人已经到了谈婚论嫁的地步。可是结婚前夜，校花发现男朋友一直在出轨，是个实打实的渣男。但此时校花和渣男已经谈了两年恋爱，两年来她给渣男织毛衣、买限量版AJ球鞋等，付出了很多，更重要的是搭上了自己的青春。想到种种无法讨回的付出，校花真的是很不甘心！

从会计学角度看，上述付出都是"沉没成本"。根据科学结论，校花在做"结婚"这个决策的时候，不应该考虑自己的付出，毕竟这些都沉没了，而应该考虑未来，因为渣男禀性难移。虽然情感上更倾向于疼惜"沉没成本"，但从理性上分析，就是别和他结婚了，否则会亏得更多。

相信大家在日常生活中都有过不愉快的观影经历，比如看了所谓的"烂片"。这里用烂片再次加深大家对"沉没成本"的印象。

案例

该不该去看一场已买票的烂片？

很多人对"浪费"资源十分担忧和害怕，这种表现被称为"损失憎恶"。

比如在买完电影票后，或者观影时，才判断出要看的电影是部烂片，但很多人仍然会强迫自己看完，因为他们怕浪费了买票的钱。结果既浪费了时间，又影响了自己的情绪。这就是"沉没成本谬误"。

结合前面说的机会成本，在看这部烂片的过程中，你还错过了做其他事的机会，比如外出购物、洗个热水澡、打几局电子游戏等。

总之，对待沉没成本，最理性的处理态度就是"算了"。

3. 边际成本

与经营相关的，还有一种非常重要的成本类型——边际成本。

在经济学和金融学中，边际成本指的是增加单位产量所引起的总供给成本的增加量。

例如，生产一台电脑，要买1000元的硬件，花500元的人工费，那么总成本就是1500元。而之前买组装电脑模具的5万元成本，无论是总价还是分摊价，均不能算作这台电脑的边际成本。

这个概念表明，每一单位产品的成本与总产品量有关。比如，生产一架飞机的成本极其巨大，但生产第1001架飞机的成本就要低很多，而生产第100 000 001架飞机的成本就更低了，这是因为不需要重复购买生产设备，只需要购进原材料即可，而生产设备作为固定资产往往非常昂贵。

考虑到机会成本，边际成本可能会随着产品产量的增加而增加。生产一架飞机所用的材料可能有更多其他的用处，所以要尽量用最少的材料生产出更多符合质量要求的飞机，这样才能提高边际收益。

边际成本和单位平均成本不一样，单位平均成本考虑了全部的产品，而边际成本忽略了最后一个产品之前的所有成本。例如，每架飞机的单位平均成本包括固定成本（在每架飞机上进行分配），而边际成本根本不考虑固定成本。

在数学中，边际成本（Marginal Cost，MC）用总成本（Total Cost，TC）和数量（Quantity，Q）的偏导数（∂）来表示。

$$MC = \frac{\partial TC}{\partial Q}$$

边际成本定价策略是以边际成本作为定价标准的一种定价策略。其遵循边际成本是商品可以销售的最低价的思想，从而使企业在经济困难时期能够维持下去。因为固定成本（如组装电脑模具的5万元成本）几乎沉没，所以理论上边际成本可以使企业无损失地继续运转。

4. 成本怎么算？

在讨论成本计量问题之前，我们先要了解一个概念：计量属性。计量属性是会计要素的数量特征或外在表现形式，它反映了会计要素货币计量的基础。

会计准则规定，企业在将符合确认条件的会计要素登记入账并列报于会计报表及其附注中时，应当按照规定的会计计量属性进行计量并确定其金额。

通俗地说，计量属性是指某个资产成本是"怎么计算出来的"。

常见的计量属性有五种：历史成本、重置成本、可变现净值、现值以及公允价值。

（1）历史成本是指资产取得或购建时发生的实际成本。例如，你之前购买一支钢笔花了10元,那么它的历史成本就是10元。

在会计工作中,历史成本用得最多,但并不一定符合实际情况。下面通过案例进行说明。

值五张羊皮的男人

被秦穆公重用的名相百里奚当年是个奴隶,是秦穆公用五张羊皮换回来的。所以百里奚有一个别称"五羖大夫",羖即黑公羊的意思。

那么,百里奚后来做了什么呢?

史载他"三置晋国之君""救荆州之祸""发教封内,而巴人致贡;施德诸侯,而八戎来服",把秦国周边的诸侯国及少数民族治理得井井有条,使秦国成为春秋五霸之一。百里奚去世那天,秦国百姓哭得呼天抢地。

百里奚这样的"资产",只值五张羊皮吗?

在会计工作中,如果把人才放在资产里计量,而羊皮按600元一张算的话,根据历史成本,五张羊皮只能合计3000元。

这样看来,历史成本反映的"资产"价值在某些方面其实是失真的。

那么为什么要这样做呢?我们在后文会具体介绍。

(2)重置成本是指按照当期市场条件,重新取得同样资产所支付的现金或现金等价物的金额。你之前花10元买的那支钢笔,目前在市场上只要8元就能买到,那么这支钢笔的重置成本就是8元。

(3)可变现净值是指在日常活动中,用预计售价减去进一步加工所需成本、预计销售费用及相关税费后的净值。你现在拥有一家钢笔企业,假设一支钢笔半成品的未来预计售价是10元,将其加工成可以出售的钢笔还需要成本3元,而出售时还需要交税金1元,那么这支钢笔的可变现净值就是10-3-1=6元。

(4)现值是指对未来现金流量以恰当的折现率进行折现的价值。例如,购买一台设备每年能够带来一定的现金流,将现金流以恰当的折现率折现,就可以得出这台设备的现值。

(5)公允价值是指在公平的交易中,熟悉情况的交易双方自愿进行资产交换或者债务清偿的金额计量。在实务中,当发生并购业务时,净资产的公允价值一般由资产评估机构评估得出。

上述五种计量属性中,最重要的就是历史成本。因为其他计量属性都有一定的可操作空间,而考虑到会计的谨慎性原则,历史成本相对而言最保守、最安全。因此,大部分资产的成本都是按照历史成本进行计量的。

5. 进一步了解现值

现值,也称折现值、贴现值,是指把未来现金流量折算为基准时点的价值,用以反映投资的内在价值。它除可以反映普通资产的价值外,还可以反映"货币"这项特殊资产的价值,从而判断投资是否划算。下面通过案例进行说明。

小飞的面包

假设小飞在今天买99个面包需要100元,而在十年后买99个面包需要1000元。这里需注意,面包是一样的面包。

我们不难得出,小飞在十年后这"1000元"的实际购买力跟现在的100元完全一样,都能买99个面包。

那么,十年后的"1000元"就相当于现在的"100元",所以

谈到现值,就不得不说"通货膨胀"这个概念。

通货膨胀是指在货币流通条件下,货币供给大于货币实际需求,即现实购买力大于产出供给,导致货币贬值,从而引起一段时间内物价普遍且持续上涨的现象。"通货"就是"通用货币"或者"流通的货币"。

简单地说,就是市面上的"钱"太多了,这个"钱"不是指不易损耗、币值稳定的黄金、白银那样的"硬通货",而是指一般由国家信用背书的实际无价值的"纸币",即俗称的"软通货"。

以美元为例,假设世界上所有的物品都存在一个仓库,而美元存在隔壁的另一个仓库,同时只有美元拥有购买力,且一个仓库的美元正好能买下一个仓库的物品。美国政府有权印美钞,便打算多印点用于花销,于是又印了一个仓库的美元,那么现在两个仓库的美元对应一个仓库的物品,即原来一个仓库的美元只能买到半个仓库的物品了,说明它的购买力下降了50%。财富就是这样没的。通货膨胀之所以被称作财富的天敌,就是这个原因。

美元的购买力下降了,那么购买力去哪里了?答案是转移到美国相关部门手里了。为什么?因为纸币的印刷成本很低,印的多,赚的就多,这就相当于无成本转移了原来美元拥有者的财富。

通常来说,通货膨胀率越高,货币购买力下降得就越快,即货币贬值得越快。也就是说,未来某个时刻固定金额的收入现值会变小,比如小明约定3年后还你1000元,而通货膨胀率越高,3年后的这1000元就越不值钱。

黄金属于硬通货（指国际信用较好、币值稳定、汇价坚挺的货币，黄金由于其稀有、珍贵且性质稳定而成为硬通货的代表。简单地说，黄金并非跟纸币一样，是说印就印得出来的，因此币值稳定）。由于美元是全球影响力最大的货币，因此其对黄金的价格影响也是最显著的。

美元指数用来衡量美元在国际外汇市场的汇率情况。通常情况下，美元指数走势向上，黄金价格走势就向下，即两者走势呈负相关关系。

知识链接

货币数量方程式[①]

货币数量方程式是体现货币流通速度 V、货币数量 M、物价水平 P（GDP 平减指数）以及产量 Y（真实 GDP）这四个指标关系的方程式，即货币流通速度（次数）等于物价水平与产量之积除以货币量。公式如下。

$$V = (P \times Y)/M$$

例如，一个包子店一年卖了 1000 个包子，每个包子 1 元，而整个社会总共有 100 元钞票在流通。经计算得出如下结果。

$$货币流通速度 V = 1000 \times 1/100 = 10（次）$$

也就是说，如果全年大家只买包子的话，每张钞票平均易手 10 次。

聪明的经济学家发现这个公式可以变形，于是得到下面这个公式。

$$M \times V = P \times Y$$

通常情况下，货币流通速度 V 是稳定的。($P \times Y$) 就是名义 GDP，所以根据这个公式，货币的量与名义 GDP 呈正比（或正相关）关系。另外，因为 Y 是真实 GDP，受到要素供给、技术限制等条件制约，在短时间内相对稳定。增加货币供给会导致货币量 M 增长，从而使名义 GDP

---

① 曼昆. 经济学原理[M]. 北京：北京大学出版社，2012.

增长。因为 Y 相对不变,所以导致名义 GDP 增长的主要是物价水平 P 的增长。

这说明短时间内的大量货币的供给会带来严重的通货膨胀。通货膨胀会导致持有通货者的财富缩水,和前面美元与仓储交换的例子互相印证,结论一致。

1.2.4 会计原则与会计准则

1. 会计原则

会计原则是会计工作的指导性规范,是对会计基本规律的概括与总结,对选择会计程序和方法具有重要的指导作用。简单地说,会计原则就是开展会计工作时必须遵守的前提条件与相应原则。

会计原则一共有九条,俗称"九朵金花"(见图 1-5)。

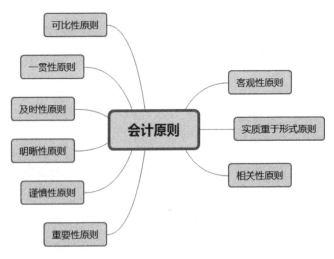

图 1-5 会计原则

表 1-2 对会计九大原则的含义举例与通俗解释进行了详细介绍,以帮助大家深入理解。

表1-2 会计原则的含义、举例及通俗解释

会计原则	含义	举例	通俗解释
客观性	企业的会计记录和会计报表必须真实、客观地反映企业的经济活动；企业的会计核算应当以实际发生的经济业务为依据，如实反映企业的财务状况和经营成果	会计核算时客观地反映企业的财务状况、经营成果和现金流量，保证会计信息的真实性	会计数据要客观，不能胡编乱造
实质重于形式	企业应当按照交易或事项的经济实质进行会计核算，而不应当仅仅按照它们的法律形式进行会计核算	融资租赁的本质是融资，因此会计核算上将融资租赁的固定资产视为原企业的资产	业务要看本质——如果卖的是茶叶蛋，哪怕是用老班章古树茶叶泡的茶叶蛋也只是茶叶蛋
相关性	会计信息要同信息使用者的经济决策相关联，即人们可以利用会计信息作出有关的经济决策	应当符合国家宏观管理的要求，满足有关各方了解企业财务状况和经营成果的需要、满足投资者了解企业财务状况和经营成果的需要、满足企业加强内部经营管理的需要	如果问你苹果多少钱一个，就不要回答香蕉的价格
可比性	企业会计核算应当按照规定的会计处理方法进行，会计指标应当口径一致、相互可比	遵守我国会计准则与会计制度进行会计核算	鸡同鸭讲是浪费时间，要统一口径（会计语言）
一贯性	各个会计期间所用的会计方法和程序应当相同，不得随意变更	企业不得随意变更会计政策	标价2元的同一个苹果，不能前一天是人民币计价，后一天是日元计价

续表

会计原则	含义	举例	通俗解释
及时性	会计核算应当及时进行	每一会计期末将会计报表及时报出	报表及时报出才有意义——如果今年的财务报表20年以后才报出，就没有投资参考价值，且公司可能早就没了
明晰性	会计记录和会计信息必须清晰、简明，便于理解和使用	会计信息简明易懂，清晰地反映企业经济活动的来龙去脉	不能使用写小说的笔法撰写财务报表
谨慎性	在处理企业不确定的经济业务时，应持谨慎的态度	资产计价从严从低	不能给企业以吹牛的机会
重要性	如果资料的省略或差错会影响报表使用者根据会计报表作出决策，资料就具有重要性	对会计主体的经济活动或会计信息使用者相对重要的事项应分别核算、分项反映，力求准确，并在会计报告中做重点说明	损失1元钱跟损失1亿元对企业的影响肯定不一样

下面针对几条重要的会计原则进行详细叙述。

（1）客观性原则是为了杜绝虚假与胡编乱造现象发生，之所以作为第一条是因为它是所有原则的基础。如果最基本的信息都是假的，财务报表以及后面的一切原则就失去了意义。

（2）实质重于形式原则是为保证真实性的一种补充原则。是什么就是什么，该怎么来就怎么来，不能随意改变业务跟相关会计处理手段。

（3）相关性原则是基础性的限定原则，即报表里要写与业务有关的信息。面对一家制造汽车的企业，投资者想知道的是今年卖了多少汽车、收入多少、成本多少。如果这家企业在报表里写的是今年的新款汽车出自哪位大设计师的手笔、弧度有多美等，相信投资者一定会离你而去。

（4）谨慎性原则是会计原则里最为重要的几条之一。在很多人眼里，财务工作者往往不苟言笑、做事有板有眼，这正是职业习惯带来的严谨态度。可以说，固定资产的计量就是谨慎性原则的体现之一。对于企业来说，资产无疑是越多越好，这样有助于贷款并吸引投资。当没有任何限制的时候，企业总是倾向于把资产往高里算。因此，谨慎性原则成了债权人跟投资者的看门神。

会计原则既是指南，也是缰绳。如果没有会计原则进行约束，那么财报中出现了虚假数据，且无从比较，财报也就失去了意义。有句话叫"自律即自由"，说的就是自律与自由的关系是对立而统一的。如果没有限制与约束，很有可能会出现劣币驱除良币的现象，久而久之大家将不再交易、不再交流，因为信用的成本太高了。这样一来，反而导致了极度的不自由。因此，适当的限制、约束与监管十分必要。

这时，可能有些学习过财务知识的读者会想到会计准则。那么，会计原则与会计准则有什么区别呢？

2. 会计准则

会计准则是会计人员从事会计工作的规则和指南。按照使用单位的经营性质，会计准则可分为营利性组织会计准则和非营利性组织会计准则。

企业会计准则属于营利性组织会计准则，由财政部制定。我国的企业会计准则体系包括基本准则、具体准则和应用指南。其中，基本准则是概括组织会计核算工作的基本前提和基本要求，用于说明会计核算工作的指导思想、基本依据、主要规则和一般程序。具体准则是按照基本准则的内容要求，针对各种经济业务作出的具体规定。应用指南用于进一步诠释准则的含义与概念、讲解相关难点、详细解释新会计科目等。

要想理解会计原则和会计准则两者的不同，首先需要理解原则与准则的不同。原则是指高度抽象的为数不多的指导性、规律性方针；准则是在具体操作中要用到的具体的操作方法。因此，会计工作原则是会计原则，会计具体工作指导方法是会计准则。

3. 权责发生制与收付实现制

权责发生制是指以权利和责任的发生来决定收入和费用归属期的一种制度。

收付实现制是指以现金收到或付出为标准来记录收入的实现和费用的发生的一种制度。

下面通过案例对这两个概念进行说明。

小明的房租如何记账

小明在市中心租了一间房，与房东约定每月房租1000元，三个月缴纳一次房租，从10月起租。

按照权责发生制来进行会计处理：虽然小明一次性交给了房东3000元，但这3000元属于不同期间的费用，那么10月只能将1000元费用计入，其他的2000元则分别计入11月、12月。

按照收付实现制来进行会计处理：小明需要按照现金实际收入与支出的情况，在10月支付3000元后，直接将这3000元费用全部计入10月。

我国企业的财报基本上是依据权责发生制进行编制的。

1.3 全面解构财务报表基本框架与构成情况

根据《企业会计准则及应用指南》的规定,财务报表是对企业财务状况、经营成果和现金流量的结构性表述。这一节为大家介绍财务报表的基本框架与构成情况。

1.3.1 财务报表的基本框架

财务报表一般包括资产负债表、利润表、现金流量表、所有者权益变动表以及附注五部分,如图1-6所示。通常所说的财务报表三大表,指的就是资产负债表、利润表与现金流量表。

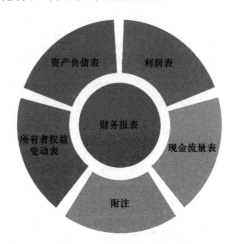

图1-6 财务报表的主要结构

1.3.2 财务报表各结构的详细介绍

在财务报表中,资产负债表是静态的,反映的是某个日期的资产、负债以及所有者权益的状况。

利润表、现金流量表则是动态的,反映的是一个期间内利润与现金变动的情况。

所有者权益变动表，很明显反映的是某个时期所有者权益状况的变动。

附注则用来补充上述表中没有阐述或者有待解释的内容。

企业管理人员通过这几张表，能够比较全面地掌握企业财务状况，了解企业经营成果、现金流量以及股东情况等。财务报表的详细结构如图1-7所示。

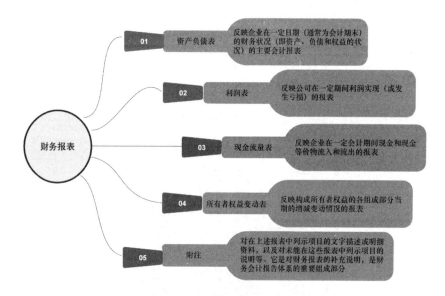

图1-7 财务报表的详细结构

处于不同阶段的企业，其财务报表体现出来的状态也是不一样的。

一般来说，企业的整个周期可以分为四个阶段。企业的经营就如同人生一样，都会经历从开始的诞生阶段，到成长阶段，再到成熟阶段，最后渐渐到衰退阶段的过程，如图1-8所示。

图1-8 企业周期

（1）诞生阶段：股东投资，资产与股东权益短时间内大幅上涨。企业举债，资产与负债短时间内大幅上涨。这时企业会发生短时间内账上资金较多的情况。而后，企业购买资产，现金与银行存款减少，固定资产增多。当然，不同行业情况也会不同，比如为了打开市场，以广告费用为代表的销售费用类会较高，税费支出则较少，那么利润表上大部分利润指标均为亏损。筹资活动现金流入较大，投资活动与经营活动现金流出较大。

（2）成长阶段：产品快速占领市场，销售收入快速增长，广告费用增加，但占总支出的比重降低。同时，人员经费、财务费用支出增加。利润表业绩亮眼，增速明显。经营活动现金流入与流出均较大，但前者的增速大于后者。随着不断发展，企业开始拥有较多的收入与资金，未来的发展方向、企业战略的重要性此时开始凸显。

（3）成熟阶段：产品所占市场份额保持稳定，企业规模难以扩张，单个产品利润遇到天花板。在这个阶段，企业只能向管理要效益，通过控制成本保证利润水平。部分企业将面临转型，投资活动现金流出可能会较大。

（4）衰退阶段：产品所在行业竞争激烈或面临衰退，企业竞争优势不复存在，资产负债表中的部分资产可能已经毫无价值，利润率下降，出现亏损甚至即将破产。

1.4 下载财报的途径

财报分析的基础是财报，连财报都找不到又何谈分析。下面介绍三种寻找财报数据的方法，以供大家使用。

1.4.1 上市公司官网

一般来说，上市公司的官网都有公司公开的财报可供人们下载查看。这里以"光明乳业"为例。在百度中搜索"光明乳业"，找到其官网，点击进入后，选择"投资者专区"，往下翻看，可以直接查询并下载其公司年报（见图1-9）。

图1-9 公司官网年报下载页面

1.4.2 巨潮资讯网

除各上市公司官网外，巨潮资讯网也是一个不错的下载财务报告的网站。下面介绍一下该网站的使用方法。

（1）登录网站之后，首页界面如图1-10所示。

图 1-10 巨潮网首页界面

（2）再以"光明乳业"为例，在界面上方的搜索框内输入"光明乳业"并搜索，会看到一些重要会议与公告资料，但是看不见财报。不用着急，我们往后翻页（见图 1-11）。

图 1-11 巨潮网搜索界面

（3）翻到第二页，便找到了"光明乳业"2018 年的第三季度财报（见

图 1-12）。

图 1-12 "光明乳业"2018 年第三季度财报显示页面

我们希望看到 2017 年的年报，于是继续往后翻页，最终在第七页找到了（见图 1-13）。

图 1-13 "光明乳业"2017 年年报显示页面

（4）这时，点进去选择下载 PDF 文件即可（见图 1-14）。

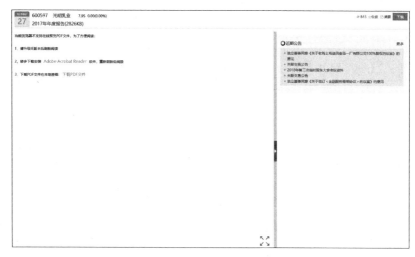

图1-14 "光明乳业"年报下载

（5）打开 PDF 文件，显示的就是"光明乳业"2017年年报（见图1-15）。

图1-15 "光明乳业"年报内容

1.4.3 使用爬取工具自动爬取

目前，爬取数据用得比较多的语言是 Python。这门语言拥有丰富的爬虫库供用户们使用，如 Requests、BeautifulSoup 以及 Scrapy 等。大家可以根据自己的需要进行学习，学会之后就能大批量地运用程序自动爬取和下载公司数据，既方便又高效。但值得注意的是，爬取的频次不要太高，以免对服务器造成太大的压力，要遵守相关的 Robots 协议。

　　Python 最大的优势就是提供了大量优秀的"库"，用户不用自己编程。"库"就像工具箱一样，其中的起子、扳手、电钻等工具被一些爱好者、高手做好并进行维护与更新，可供用户免费使用。这里给大家推荐几个爬取股票数据、财报数据的优秀 Python 库，其中最有名的是 Scrapy 库（见图 1-16），爬取财经类数据比较常用的是 Tushare（挖地兔）（见图 1-17）。

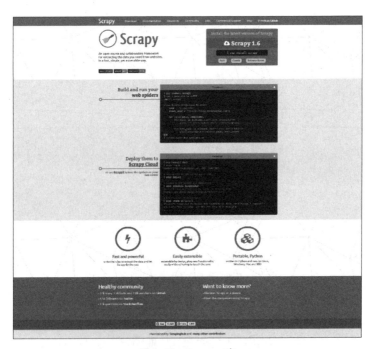

图 1-16　Scrapy 库

图 1-17　Tushare（挖地兔）

Tushare 是一个免费、开源的 Python 财经数据接口包。它主要实现对股票等金融数据从采集、清洗、加工到存储的过程，能够为金融分析人员提供快速、整洁和多样的便于分析的数据，极大地减轻了他们在获取数据方面的工作量，从而使他们更加专注于策略和模型的研究与实现。

考虑到 Pandas 包在金融量化分析中的突出优势，Tushare 返回的绝大部分数据格式都是 Pandas DataFrame 类型，非常便于用户使用 Pandas/NumPy/Matplotlib 进行数据分析。当然，如果你习惯于用 Excel 或者关系型数据库进行数据分析，也可以通过 Tushare 的数据存储功能将数据全部保存到本地后实现。

这个库有专门的团队进行维护，数据免费且质量高，对于做量化而受限于无法获取数据的朋友来说是个不错的选择。

本章小结

1. 财报的概念：财报是公司的体检表，是一门通用的商业语言。

2. 财报的用途：对老板、投资者、政府、债权人以及经营者有不同的意义。

3. 财务基础入门：会计恒等式（静态、动态），复式记账法及其历史，机会成本、沉没成本及边际成本，成本计量属性，会计原则与会计准则，权责发生制与收付实现制。

4. 财务报表的结构：资产负债表、利润表、现金流量表、所有者权益变动表及附注。

5. 财务报表的下载途径：上市公司官网，巨潮网，使用爬取工具自动爬取等。

书 单 推 荐

书名	作者
1.《会计基础》	会计从业资格考试辅导教材编写组
2.《一本书读懂财报》	肖星
3.《公司理财》	斯蒂芬·A. 罗斯
4.《经济学原理》	曼昆
5.《货币金融学》	弗雷德里克·S·米什金
6.《Python 语言程序设计基础》	嵩天，礼欣，黄天羽
7. Scrapy 等库及 Tushare 库的官方说明文档	—

第二章

资产负债表：公司竞争力的终极体现

2.1 资产是什么？

2.2 企业的资产来自哪里？

2.3 初识资产负债表的结构与关键内容

2.4 流动资产：没"钱"愁死英雄汉

2.5 非流动资产：从房子、车子、厂子看企业未来的竞争力

2.6 流动负债：新兴企业的绝地杀手

2.7 能升能降的非流动负债

2.8 所有者权益

2.1 资产是什么?

"资产就是家当",这句话总结得很到位。从本质上来说,资产负债表就是一张告诉你企业"家当"有多少的表。

如图2-1所示,资产负债表的左边是"资产",右边是"负债和所有者权益",左右两边的总数最终要相等。聪明的读者应该会发现,这就是第一章介绍的"会计恒等式"概念在财务报表中的集中体现。

资产负债表

编制单位: 　　　　　　　　　年　月　日　　　　　　　　　单位: 元

资产	行次	期末余额	年初余额	负债和所有者权益	行次	期末余额	年初余额
流动资产:				流动负债:			
货币资金		110		短期借款		150	
交易性金融资产				交易性金融负债			
应收票据				应付票据			
应收账款		100		应付账款		50	
预付款项				预收款项			
应收利息				应付职工薪酬			
应收股利				应交税费			
其他应收款				应付利息			
存货		90		应付股利			
一年内到期的流动资产				其他应付款			

图2-1 资产负债表(部分)

企业所拥有的资产，要么是借来的，要么是股东投资的（包括经营所赚的）。

左边的"资产"告诉我们钱是以什么状态存在的。换句话说，就是企业把钱用在了哪里，比如买了房子、研发了技术或者生产了商品。

右边的"负债与所有者权益"告诉我们哪些钱是借来的、哪些钱是股东投资的，即企业的钱的具体来源。只看股东投入的部分，就是"所有者权益"。因为"资产=负债+所有者权益"，所以"所有者权益=资产−负债"，即把资产总额里应该属于负债的部分全部剔除，剩下的就是"所有者权益"。因此，"所有者权益"也被称作净资产。

与"资产=负债+所有者权益"这个公式类似，资产负债表实际上是一张静态表。它并不反映一段时间内的情况，而只反映以某一天的某一个时间节点为截面的资产、负债以及所有者权益情况。

2.1.1 资产与资源

资产是指由企业过去的经营交易或各项事项形成的，并由企业拥有或控制的，预期会给企业带来经济利益的资源。简单地说，资产就是企业拥有的资源。

1. 流动性

流动性指的是资产的变现能力。根据资产流动性的强弱，可以将资产分为流动资产和非流动资产。

银行存款、现金等资产具有极强的流动性，可以直接进行交易，明显属于流动资产；大型机床等资产需要企业通过内部流程、招投标等程序进行变卖，且兑换成具有现实购买力的货币时间较长，兑现起来比较困难，则属于非流动资产。

从交易角度来看，流动性体现的是找到交易对手的难易程度。流动性强，就容易找到交易对象；流动性弱，就难以找到交易对象。比如，你拿着现金去买东西，很容易和卖可乐、卖猪肉的对象进行交易。而你拿着一套北京四合院进行交易，拥有购买能力的人和购买渠道就会大大减少，也就很难实现交易。很明显，前者的流动性要远高于后者。

会计与金融对流动性的定义类似，但不完全相同。从会计角度来看，流动性的标准是固定的，一年以内或一个营业周期内可以变现的就是流动资产，而变现不了的就是非流动资产。从金融角度来看，流动性的标准并不完全是固定的。比如，在股票交易所成立之前，股票这项资产的流动性很差，因为缺乏必要的交易渠道，投资人不知道在哪里买股票、在哪里卖股票、交易对手是否可靠、交易过程是否安全等，这样交易就很难进行，流动性自然不高。而在股票交易所成立之后，股票交易就变得很容易，出现了固定交易场所，很容易找到交易对手，不仅买卖股票有了保障，而且流动性和安全性大大提高。金融市场的目标就是提高资源配置效率、实现资源快速交换。

其实，"资产"是个很复杂的概念。资产在会计中的标准定义说的是资产能带来预期经济利益，但现实中有的资产未必真的能带来收益。

下面我们以汽车为例进行说明。

2. 汽车是资产吗？

对于这个问题，有些读者可能会感到不可思议。汽车怎么可能不是资产呢？尤其是像法拉利、科尼塞克、兰博基尼等动辄几百万、上千万的超级跑车，肯定是资产。

的确如此，汽车在财务上是被认定为资产的。

但如果我们仔细分析下定义，就会发现并非那么简单。因为除非是用汽车进行运输等相关经营活动的企业，汽车才能"直接"创造利益。

像互联网、餐饮行业的企业，其拥有的汽车并不能创造价值，那么根据定义中的"预期会给企业带来经济利益"，又从何预期呢？这时可能的途径只有一条，就是未来变卖该资源将带来经济利益。

而变卖汽车，除非属于特殊情况，一般都是折价销售。汽车行业有句话"新车落地打八折"，指的就是刚买一辆新车，即使在提车的一瞬间进行转卖，车的价值也只有原来的八成了。也就是一辆价值一百万元的车，只能卖八十万元了。这样看这笔买卖，汽车确实带来了经济利益，但这笔钱比之前买车的钱少了一些，对企业来说就是亏本。

所以要想全面认识资产，还要进一步了解资产的一些细节特征。在调研企业的资产负债表时，不能只看资产总值，还要留心资产下面的小项目。

接下来，我们谈一谈如何区分"正资产"与"负资产"。

3. 正资产与负资产

正资产指带来正现金流的资产；负资产指带来负现金流的资产。这是最简单通俗的说法，以便大家能够理解。

仍从汽车为例：汽车是典型的负资产。你买了一辆新车，并不是买了就完事，每年还要买保险、花油钱，遇到剐蹭等各类问题，维修费也是一笔不小的开支。汽车会不断地从你兜里掏钱出去，除非你用它载客或者跑运输，不然现金流肯定为负！这样看来买车就不如买房，买一套房出租，不但每月有租金，随着地皮越来越少，房价还会噌噌上涨，现金流妥妥为正。房子是典型的正资产。

当然并不是鼓励大家炒房，未来房价走势很难说，因此买房不一定就能赚钱；也不是让大家别买车，毕竟汽车能为我们的生活提供舒适与便捷，还能扩大生活圈的半径，因此不能完全用经济效益来衡量二者。

我想说的是，读者朋友一定要注意资产与业务的相关性。对于企业而言，并不是任何资产都越多越好。历史经验表明，一般家族企业、非上市企业的负资产比较多，其中用于享乐的资产占比比较多是其中一个主要的原因。如企业名下的豪车、高尔夫球场等资产越多，企业的财务压力就越大。

2.1.2 资产与人才

人才是不是资产？

资产负债表还有许多不能反映的情况，比如人，这是最典型的情况。世界上任何竞争本质上都是人的竞争。按道理说，人应该是最重要的"资产"。人对企业的影响往往是最大的，但"人是自由的，且生而自由"，人并不为企业所拥有。可见，"人力资源"对企业虽然重要，却不能计入"资产"。

 案例

"人才"很重要，但不是资产

战国时期，魏国大臣公叔痤有个手下叫商鞅，很喜欢读书。公叔痤很看好他，并于临终时向魏惠王推荐了他。魏惠王觉得商鞅乳臭未干，便没有重用他（多年之后，魏惠王后悔不已）。

后来，商鞅去了秦国。秦孝公慧眼识英才，让商鞅担当左庶长的重任。结果，秦国经由商鞅变法改革一举而变得强大。

人才的重要性可见一斑。但是，在财务报表中能体现出来吗？

答案是不能。

"人才"的重要性如图2-2所示。

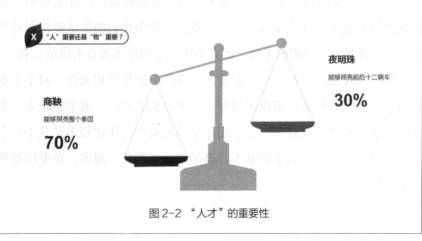

图2-2 "人才"的重要性

2.2 企业的资产来自哪里？

企业最初的资产通常全部来源于所有者权益（直接投资）。通俗地说，就是必须由股东进行投资，企业才能设立。企业成立后，开始了经营并盈利不错，赚来的钱交税后，全部归股东。因此，企业仍然是100%所有者权益，没有一分钱的负债。随着企业越做越大，仅靠赚的钱来投资经营速度太慢。于是，企业开始借钱，也就有了负债。企业这时候的资产，一部分来自所有者权益，另一部分来自负债。

2.2.1 负债与所有者权益

负债在会计学中的定义是"企业过去的交易或事项形成的、预期会导致经济利益流出企业的现时义务"。通俗地说，就是欠人钱财。

跟资产类似，负债也被分为流动负债与非流动负债。只不过，资产的流动性是天然的，而负债的流动性是人为设定的。

人为设定的流动性

人为设定的流动性就是人为地为负债限定了一个标准，如"1年或者超过1年的一个营业周期内偿还"。如果符合该标准，就是流动负债，否则就是非流动负债。负债的流动性还有一个特点，就是基本上所有的非流动负债，总有一天会变成流动负债。因为还钱的日期总是一天天逼近，而逼近到一年之内，非流动负债就变成流动负债了。

所有者权益在会计学中的定义是"企业资产扣除负债后，由所有者享有的剩余权益"。通俗地说，企业的资产中，除了借的，其他都是股东的。

那么，负债与所有者权益有什么不同呢？概括来说，有如下三点。

（1）负债获偿的节点优先于股东分红。

（2）除特殊规定外，债权人不得干涉公司运营。

（3）负债不享受分红权，股东享受公司的利润分红。

要想更深入地理解负债，就必须理解"财务杠杆"这个概念。

2.2.2 初识"财务杠杆"

财务杠杆是指固定债务利息和优先股股利的存在导致普通股每股利润变动幅度大于息税前利润变动幅度的现象。

与杠杆作用的原理一样，财务杠杆用得好，就能够撬起企业的发展。

为了帮助大家更好地理解这个概念，下面分享一个关于房地产财务杠杆的案例。

案例

房地产企业的财务杠杆术

有块地售价1亿元。项目结束后，净利润预计为地价的30%（不考虑税费等），即3000万元。企业有两种方式获得这块地。

第一种方式：企业自投2000万元，吸纳投资8000万元。

第二种方式：企业自投2000万元，贷款8000万元，利率8%。

按照第一种方式，这笔8000万元的投资人有权利获得与原始投资人相同的30%的回报率，资金成本为8000×30%=2400（万元）。

按照第二种方式，由于8000万元是贷款，利率为8%，那么企业只需要偿还8000×8%=640（万元）。

对比两种方式，差额是2400－640=1760（万元）。通过负债的这个财务杠杆，原始股东多赚了1760万元，而原始投资人实际获得的投资回报率则高达（3000－640）/2000=118%。

房地产项目往往资金需求量巨大，因而很少有企业能完全靠自

> 有资金做项目。加上房地产毛利率高，财务正杠杆效应明显，可以放大利润率，因此，银行提供给房地产企业的贷款额度与贷款利率对其利润率影响很大。

从这个案例不难看出，只要财务杠杆用得好，股东的投资回报率就能从30%提高到118%。

但财务杠杆也是杠杆，能上就能下。财务杠杆如果用得不好，企业就会亏得一塌糊涂。是否使用财务杠杆，关键在于对预期回报率的判断，如果回报率高于借款利率，那么财务杠杆能带来收益，否则将带来损失。

另外，关于负债和所有者权益的变动还要注意一点：企业如果使用分红方案，就会导致短期内权益和负债发生变动，其原因在于权益项目"未分配利润"会结转到负债项目"应付股利"。当然，这只是个会计处理，企业基本情况并没有发生太大的变化。

2.3 初识资产负债表的结构与关键内容

资产负债表一般是财务报表中的第一张表，其左边是"资产"，右边是"负债和所有者权益"。左边告诉大家，企业有什么家当；右边告诉大家，这些家当中哪些是借来的、哪些是属于股东自己所有的。注意，左右两边最下面一栏的总计必须相等。

资产负债表分为表头、表体以及签章三部分，项目虽多，但并不复杂。其结构如表2-1所示。

表2-1 资产负债表

编制单位　　　　　　　　　年　月　日　　　　　　　单位：元

资产	行次	期末余额	年初余额	负债和所有者权益	行次	期末余额	年初余额
流动资产：				**流动负债：**			
货币资金				短期借款			
交易性金融资产				交易性金融负债			
应收票据				应付票据			
应收账款				应付账款			
预付款项				预收款项			
应收利息				应付职工薪酬			
应收股利				应交税费			
其他应收款				应付利息			
存货				应付股利			
一年内到期的流动资产				其他应付款			
其他流动资产				一年内到期的非流动负债			
流动资产合计				其他流动负债			
非流动资产：				流动负债合计			
可供出售金融资产				**非流动负债：**			
持有至到期投资				长期借款			
长期应收款				应付债券			
长期股权投资				长期应付款			
投资性房地产				专项应付款			
固定资产				预计负债			
在建工程				递延所得税负债			
工程物资				其他非流动负债			
固定资产清理				非流动负债合计			
生产性生物资产				负债合计			

表头：体现编制单位名称、资产负债表所属年份及货币单位等。

表体：这是资产负债表中最重要的部分，由表内各项目组成。它包括流动资产、非流动资产、流动负债、非流动负债以及所有者权益五大部分。

续表

资产	行次	期末余额	年初余额	负债和所有者权益	行次	期末余额	年初余额
油气资产				**所有者权益（或股东权益）：**			
无形资产				实收资本（或股本）			
开发支出				资本公积			
商誉				减：库存股			
长期待摊费用				盈余公积			
递延所得税资产				未分配利润			
其他非流动资产				所有者权益（或股东权益）合计			
非流动资产合计							
资产合计				**负债和所有者权益（或股东权益）总计**			

签章：
由相关人员签字盖章，体现公司法定代表人与相关管理人员对这张资产负债表的认可，并对表内数据真实性、有效性负责。

企业法定代表人：　主管会计工作负责人：　会计机构负责人：

2.4 流动资产：没"钱"愁死英雄汉

"钱不是问题，问题是没钱。"这句话很现实，尤其是在商业事务中更明显。如果没钱还债，对于股份有限公司来说，面临的将是破产倒闭；对于独资企业来说，可能面临的就是无限责任（即使企业破产了，也要由该投资人承担偿还债务的责任）。所以，企业必须重视流动资产。

就拿我们每个人来说，出门时身上总要带点备用钱，以保证流动资产充足。当然，随着科技的发展，现在大家出门只需带手机，能刷微信或者支付宝就行，但这和身上总得有点钱的道理是一样的。

2.4.1 流动资产与非流动资产

资产位于资产负债表的左边，是企业拥有资源最直观的体现，也是大家阅读财务报表时最关心的内容。

但是，这里的资产跟平常大家所说的"资产"并不完全一样。例如，我们说某某非常有钱，"资产过亿"，大家都会默认这一亿多全是某某的。但在会计中，这句话并不完整，如果某某"资产过亿"，可是负债"过十亿"，那么一加一减净欠款就是九亿元。这样一来，相信很多人都不再会认为他有钱了。

在会计中，资产是个大概念，除包含净资产外，还包含负债，是指所有企业资源（负债与所有者权益）。

1. 流动资产

流动资产是指企业可以在一年或者一年以上的一个营业周期内变现或者运用的资产。

属于流动资产的货币资金流动性最强，其次是应收票据、应收账款。应收票据是企业打的欠条（签了商业票据的），到期还账就变成了钱；应收账款是没打欠条，但双方都默认的欠款，还账后就变成了钱。

再次是存货，卖了存货不一定能拿到钱，可能被对方欠着，而且还不一定能卖出去，因此流动性更差一些。

预付账款则比较特殊。比如，企业要购买一批物资，该物资暂时缺货，但需要预订，企业支付的预订费就属于预付账款。这种预付账款是无法变成钱的（除非双方同意不交易了，对方把预订费还给你），它不是实物资产，只是一种权利。

2. 非流动资产

非流动资产是指除流动资产以外的资产，也就是一年或者一年以上的营业周期内无法变现或者运用的资产。

流动资产与非流动资产的划分标准是"流动性"，这一点前文已经介绍过。各个行业流动资产的项目与内容都差不多，而非流动资产区别就很大了。以固定资产为例，制造类企业固定资产占大头的，一般是设备、机床等；交通运输类企业固定资产占大头的，一般是汽车等运输工具。总之，非流动资产与行业特性有较密切的关系。

2.4.2 流动资产类科目

在流动资产类科目中，流动性排名依次为：货币资金、应收票据、应收账款、预付账款、其他应收款。

1. 货币资金

货币资金是指在企业生产经营过程中处于货币形态的那部分资金。

通俗地说，货币资金就是流动性最强的资产。比如，我们随身携带的人民币是货币资金，银行存款也是货币资金。

关于流动资产，大家最常见的就是货币资金。因为钱每个人都有，无非就是多少的问题。可以说，货币资金是最初进入企业的。股东投入资金成立公司，公司就有了注册资金。公司通过资金购买原材料，加工后变成存货，出售存货收回现金或者应收账款，而应收账款在未来会变成现金。这样就形成了从现金形态到现金形态的一个循环。

有些公司的货币资金特别多，其实不完全是好事。原因是一旦遇到通货膨胀，货币资金就会贬值，而资金成本的存在，无论是负债（利率）还是权益（投资回报）都要求货币资金的报偿，不可能永远在公司账上。

2. 应收票据

应收票据是指企业持有的还没有到期、尚未兑现的票据。通俗地说，应收票据就是对方企业提供给我们企业的一张证明其欠款的票据。一段时间之后，我们就可以拿这张票据去银行换钱。因此，一般而言，只要拿到应收票据就不用担心了，一旦对方不给钱，我们还有追索权。但是企业如果急需用钱，怎么办呢？这时只能拿这张票据去贴现——付出一定的变现成本，将票据卖给银行或者其他企业。

3. 应收账款

应收账款指企业在正常的经营过程中因销售商品、产品、提供劳务等业务而应向购买单位收取的款项，包括应由购买单位或接受劳务单位负担的税金、代购买方垫付的各种运杂费等。

从本质上说，应收账款的产生，是交易地位不对等的体现。

简单来说，就是为了让对方买我们的东西，可以允许对方赊账。如果我们是全世界唯一一家卖石油的企业，那些石油需求国肯定会老老实实地一手交钱一手交货，甚至预付款提前定油，欠钱绝无可能。但在现实中，这种情况很少见，因为市场竞争相对激烈，通常情况下我们有的商品别人也有，且差别并不大，买家的选择余地就比较大，于是，应收账款就成为促进销售的手段之一。

关于应收账款，在我国确实有特例，茅台便是其中之一。

好酒茅台

大家可能会想，既然应收票据、应收账款都是指别人欠我们的钱，那我们是不是可以不外借，这样就不会产生这两项指标，也就不会有坏账，还省得日后麻烦呢？

> 那么，有应收账款为零的企业吗？
>
> 有，茅台集团便是。他们的客户基本上都是先付款后拿货，因而应收账款与其他企业相比，几乎等于没有。
>
> 茅台为什么这么牛呢？因为酒好，而且要等。酿造一瓶茅台从制曲到勾兑再到上市，耗时、耗力且产品产量有限。另外，茅台酱香浓郁，产地受限，窖池独此一家。
>
> 东西好，大家自然是抢着要，也没人赊账。
>
> 但普通企业为了扩大销路，不可避免会存在应收账款，只不过体现在管理上有好有坏。管理得好，应收账款是销售利器，也是维护企业与客户良好关系的纽带；管理得不好，应收账款就真如其名"应收"，永远都收不到，最后在未来的某一天被会计转成坏账。

4. 预付账款

预付账款是指企业因购货和接受劳务，按照合同规定预付给供应单位的款项。

预付账款不是一种实物资产，而是一种权利。比如，健身房充值卡、蛋糕店购物卡等。

以蛋糕店购物卡为例，小明充值1000元办了一张蛋糕店购物卡。此卡是蛋糕店老板在淘宝网批量订制的，每张成本5元。如果认为预付账款是一种实物资产，那么小明的行为就很愚蠢，因为他花1000元买了张实际价值5元的卡。显然，这种观点是错误的，小明真正买的是蛋糕店的购货权，即一种权利。

5. 其他应收款

其他应收款是指企业除应收票据、应收账款和预付账款以外的各种应收暂付款项。

财务界有句玩笑话："其他应收、应付是个筐，什么都能往里装。"

因为这个科目会被一些"有心人"用来调节报表,甚至用来隐瞒收入、调控利润。其具体内容,我们会在第七章进行详细介绍。

同时,这个科目还是一些大股东的"挚爱"。他们喜欢利用这个科目,通过一系列手法进行往来交易,把资金套出并转到自己控制的另外一些企业名下。这种行为俗称"大股东资金占用"。

《中华人民共和国公司法》(以下简称《公司法》)为了打击"大股东资金占用"行为,作出规定:"上市公司董事与董事会会议决议事项所涉及的企业有关联关系的,不得对该项决议行使表决权,也不得代理其他董事行使表决权。该董事会会议由过半数的无关联关系董事出席即可举行,董事会会议所作决议须经无关联关系董事过半数通过。出席董事会的无关联关系董事人数不足三人的,应将该事项提交上市公司股东大会审议。"

6. 存货

存货是指企业在日常活动中持有的以备出售的产成品或商品、处在生产过程中的在产品、在生产过程或提供劳务过程中耗用的材料和物料等。

存货分为原材料、在产品与产成品。通俗地说,存货是企业打算卖了换钱的物品。

存货管理非常体现管理水平,因为存货多了、少了都不好。存货多了会占用大量资金,也说明企业商品并不受市场欢迎,从而使销售压力加大。存货少了会导致缺货甚至断货的情况出现,从而极有可能使企业拱手让出好不容易拿到的市场份额。

这里需要注意的是,有些存货具有时效性。对于有时效性的存货,一定要想办法及时销售完,而不要囤在手里。

有这样一个传说:宋朝时期有两对夫妻,一对卖黄历,一对卖酒。有一天,卖黄历的商人在妻子面前夸酒商的妻子贤惠,说她每天都会把丈夫要卖的酒偷偷拿走一瓶留着,过年喝酒的人多,价格会涨起来,到时候一次性卖掉,使酒商多赚了不少钱。言者无心,听者有意,卖黄历的商人妻子默默记住了。于是,她有样学样,每天抽走一本黄历留着,准备等到年底再卖,结果年底到了,一本也没卖出去——因为黄历过期了。

商品从原材料到在产品再到产成品,往往会涉及很多部门,而部门之间从计划到落实、每个阶段的联系与配合都与存货管理息息相关。

2.5 非流动资产:从房子、车子、厂子看企业未来的竞争力

2.5.1 非流动资产

非流动资产指流动资产以外的、变现相对困难的资产,包括固定资产、无形资产、长期股权投资等。

相对来说,非流动资产比流动资产更"重"。如果流动资产的投资是打游击战,那么非流动资产的投资就是打阵地战。前者灵活,后者严肃,前者船小好掉头,后者列阵决生死。非流动资产一般占资金体量较大,与企业战略息息相关。

不同行业的企业,对非流动资产各个项目的投资布局往往有较大区别。

非流动资产跟流动资产最大的不同就是流动性,即变现能力。

对于大部分企业来说，房子是固定资产或投资性房地产（非流动资产）；但对于房地产开发企业来说，房子是存货（流动资产）。同样的，对于一些企业来说，车辆一般是固定资产（非流动资产）；但对于汽车制造企业来说，车辆是存货（流动资产）。区别很大，但非常符合客观实际。

房地产开发企业销售房子，汽车制造企业销售车辆，这些企业有一整套销售网络，就是为了出售所持有的这些资产，使之快速变现，这符合流动资产的定义。其他企业则一般是为了使用而持有，且不具备相应的销售网络，符合非流动资产的定义。

这说明，资产并非一开始就能被认定为流动或者非流动的。要想清楚一项资产究竟属于流动资产还是非流动资产，就必须结合企业自身的特点以及资产的运动进行考虑。

2.5.2　非流动资产类科目

下面对一些非流动资产类科目进行介绍。

1. 长期股权投资

长期股权投资是指企业持有的对其子公司、合营企业及联营企业的权益性投资以及企业持有的对被投资单位具有控制、共同控制或重大影响，且在活跃市场中没有报价、公允价值不能可靠计量的权益性投资。

杰里米 J. 西格尔教授在他的《投资者的未来》一书中列举了一项研究结论："平均来看，标准普尔 500 指数中原始公司股票的表现要领先于在后来的半个世纪里陆续登上该指数的近 1000 家新公司的股票。"[①]

这说明在美股市场，买得好不如买得早。同时不但要买得早，还要拿得足够久。

长期股权投资是一种特殊的非流动资产，其投资动机并不完全只为

---

① 杰里米 J. 西格尔. 投资者的未来 [M]. 李月平，等译. 北京：机械工业出版社，2018.

利润，或许是为了跟上下游企业获得更好的联系，或许是为了控制相关企业、涉足其关键业务或者新领域。

2. 投资性房地产

投资性房地产是指为赚取租金或使资本增值，或两者兼有而持有的房地产。投资性房地产应当能够单独计量和出售，这个非流动资产科目很好理解。关于房地产的投资要注意：购买任何房地产项目，最核心的都是土地位置。

比如，北京的房价和中国西部三线城市的房价绝对是天差地别。

是因为房子质量差距大吗？不是。西部三线城市的某些楼盘质量甚至要优于北京的旧楼——根本原因在于土地位置。土地相对稀缺，在这块地上建完了房子，卖完就没了，而不像播完种，到时地里又能长一大批。当然，这里不建议炒房，仅帮助大家理解。

通过前文的介绍，细心的读者可能已发现，房产好像既符合"投资性房地产"的定义，也符合"固定资产"的定义。那么，房产究竟该计入哪个科目呢？

这就要看房产是为"赚取租金或使资本增值"而持有，还是"为生产商品、提供劳务、出租或经营管理"而持有。若是前者，计入投资性房地产；若是后者，则计入固定资产。当然还有一个例外，对于房地产开发企业来说，房子作为商品是要计入"存货"的。

房产作为房地产开发企业的存货是一种特殊情况，我们不予讨论。读者要注意前两种情况，区分投资性房地产和固定资产的标准是相对主观的。它可以用来投资增值，也可以为经营企业提供服务，就看你的"目的"是什么。

如果十年前某企业在北京购入一套房，并计入"固定资产"科目，当前计量就必须按十年前的获取价格来计，可能还要计提折旧，因而其账面价值可能比当年的买价还要低。但如果计入"投资性房地产"科目，按照公允价值计量,即以目前的价格对这套房子进行计量,其账面价值可要翻很多倍了。这两个科目的成本计量方式不同,体现的资产规模差别就很大。按公允价值计算,北京房产的价值可能会高出历史成本一大截。有这样一个故事在坊间流传:有个北京小伙子,多年前把自己北京后海的一套四合院以500万元卖掉,然后将这笔钱作为启动资金出国创业,豪气干云。十年后创业成功,他成为企业CEO,赚了1亿元回国。而他那套四合院,现在市值2亿元。

3. 固定资产

固定资产指企业为生产商品、提供劳务、出租或经营管理而持有的、使用寿命超过一个会计年度的有形资产。

固定资产是会计人员日常接触最多的科目,可谓种类繁多、价值不一。比如,车间里的设备,企业购买的车辆、电脑、相机都属于固定资产。

固定资产因为有使用年限,在使用过程中不可避免地会发生损耗。因此在会计中,固定资产的价值是一直在减少的,而会计人员需要每隔一段时间对固定资产计提折旧。

"折旧"就是用来体现损耗的。比如电脑硬件、软件更新的速度都很快,今年买的新电脑一年之后往往会便宜不少。电脑在使用过程中,硬盘等都会出现一系列损坏,价值自然会随之降低。

但是有一些资产,不但没有发生损耗,反而可能会增值。

例如,一把清朝黄花梨木的椅子,从清朝到现在坐了这么多年,不但没有贬值,价格还噌噌往上飙。能按照现在的买价给它增值计算吗?不能。会计原则里有一条"谨慎性"原则,因此,固定资产的价值就低不就高。

固定资产因为种类多,价值相对高,需要进行仔细管理与定期清查,因此,大型企业的资产清查往往是一项巨大的工程。

4. 在建工程

在建工程是指企业固定资产的新建、改建、扩建，或技术改造、设备更新和大修理工程等尚未完工的工程支出。

在建工程属于固定资产的未完成形态，建完之后一般就会转成固定资产。

5. 生产性生物资产

生产性生物资产指为产出农产品、提供劳务或出租等目的而持有的生物资产，包括经济林、薪炭林、产畜和役畜等。

简单来说，就是鸡鸭鱼牛猪以及树林等。它一般分为"未成熟生产性生物资产"和"成熟生产性生物资产"。

之所以会有这个科目，是因为生物资产放在其他哪个科目都不合适。听说过一个关于审计的故事：一家毛衣制造企业养了满山坡的羊，每年审计时为了盘点生物资产，数羊成了审计师们必不可少的一项重要工作。此时，这一科目的独特性就体现出来了。

6. 无形资产

无形资产指企业拥有或者控制的没有实物形态的可辨认非货币性资产，主要包括专利权、非专利技术、商标权、著作权、土地使用权、特许权等。

无形资产也是一种很特殊的资产，若有似无，若续若存，但对某些行业的企业有着至关重要的影响。

最典型的无形资产就是专利权，比如某药企拥有治疗某类疾病的必需药，且只此一家，别无分店，而服药治病是刚需，患者又没有议价能力，因此必须买这一家的。当然也不能说药企垄断市场，提高定价，毕竟药企研制新药的周期长、投入高，往往耗时、耗力，还容易竹篮打水一场空，也不容易。

有符合条件的无形资产的企业,在计算企业所得税时可享受优惠政策。

7. 商誉

商誉是指能在未来期间为企业经营带来超额利润的潜在经济价值,或一家企业预期的获利能力超过可辨认资产正常获利能力(如社会平均投资回报率)的资本化价值。通俗地说,即企业的品牌价值。

在企业进行并购时,对被并购企业投资的成本超过其净资产公允价值的差额就是它的商誉,即品牌价值(假如可口可乐全部家当为200亿元,有人花250亿元买它,那么多出来的50亿元就是它的品牌价值)。注意,商誉畸高是一项危险指标,会面临财务造假的风险。

8. 长期待摊费用

长期待摊费用是指企业已经支出,但摊销期限在一年以上(不含一年)的各项费用。

比如你要租个厂房,通常不会一年一年地给租金,而会一次性给几年的租金。那么这笔钱作为今年的费用一次性付出就不适合,因为它实际上是为了几年的经营而支付的租金,那么这时就需要进行摊销。

9. 递延所得税资产

递延所得税资产是指对于可抵扣暂时性差异,以未来期间很可能取得用来抵扣可抵扣暂时性差异的应纳税所得额为限确认的一项资产。

这项资产是由于"税法"和"会计法"的差异造成的。按照"税法"认定比按照"会计法"认定的方式暂时多交了税,那么这笔钱在未来可以少交。我们可以将其看作税务局欠企业的钱,下次交税时能抵扣。

2.6 流动负债：新兴企业的绝地杀手

说流动负债是新兴企业的绝地杀手一点也不夸张。长期负债至少还有时间，不会马上产生债务违约压力，而流动负债需要一年以内偿还，日期近，压力大。从财务管理的角度来看，流动负债主要来源于短期借款、短期融资券、商业信用以及其他短期应付事项。其中，短期融资券用得比较少，而预收账款、应付账款、应付票据等都属于商业信用。

流动负债是指企业将在一年或者超过一年的一个营业周期内偿还的债务。

流动负债关系着企业的财务安全，有许多冉冉升起的"明日之星"企业，就是没有处理好流动负债，从而使资金链断裂导致破产。

1. 短期借款

短期借款是指企业向银行或其他金融机构等外单位借入的、还款期限在一年以下或者一年的一个经营周期内的借款。

2. 应付票据

应付票据是指企业购买材料、商品和接受劳务供应等而开出、承兑的商业汇票，包括商业承兑汇票和银行承兑汇票。

应付票据和资产里的"应收票据"正好相对，一个是对方给我们打的欠条，一个是我们给对方打的欠条。应付票据一般有具体的还款期限，这就需要保证到还款日时企业的银行账上有足够的款项进行兑付。因此，一般企业都会进行专门的票据管理工作，以防止违约。

3. 应付账款

应付账款是指企业因购买材料、物资和接受劳务供应等而付给供货单位的账款。

对于欠款企业来说，应付账款自然是拖得越久越好，这可能也是很多企业老板的心态。但商业往来要讲信用，偶尔拖一拖大家可以互相理解，但总这样可就没有信誉了，往后生意也难做。

4. 预收账款

预收账款是指买卖双方协议商定，由购货方预先支付一部分货款给供应方而发生的一项负债。

充值卡就属于预收账款，即采用先交钱，后消费的模式。

预收账款是房地产开发企业常用的科目。因为房地产项目开盘的时候，房子往往还没建好，也就不存在交房确认。顾客交的买房首付款就是典型的预收账款，而这一预收账款会有极大概率在顾客收房时确认并转成收入。所以，对于房地产开发企业而言，尤其是在楼市较好的时期，预收账款本质上就已经是"收入"了。

5. 应付职工薪酬

应付职工薪酬是指企业为获得职工提供的服务而给予各种形式的报酬以及其他相关支出。

6. 应付股利

应付股利是指企业根据年度利润分配方案，确定分配的股利。

《公司法》规定，由公司董事会制订公司的利润分配方案和弥补亏损方案。同时也规定，股东按照实缴的出资比例分取红利；公司新增资本时，股东有权优先按照实缴的出资比例认缴出资。但是，全体股东约定不按照出资比例分取红利或者不按照出资比例优先认缴出资的除外。

7. 应交税费

应交税费是指企业根据一定时期内取得的营业收入、实现的利润等，按照现行税法规定，采用一定的计税方法计提的应缴纳的各种税费。

8. 其他应付款

其他应付款是指企业在商品交易业务以外发生的应付和暂收款项。

这个科目跟其他应收款一样，也很容易存在猫腻，我们在第七章进行详细介绍。

2.7 能升能降的非流动负债

非流动负债是指除流动负债以外的负债，也就是期限在一年以上（不含一年）的负债。相比流动负债，非流动负债给企业近期带来的压力没有那么大。但企业必须好好规划，调整非流动负债，否则会对资本结构产生较大的影响。

可以说，非流动负债最能体现企业的融资能力。

1. 长期借款

长期借是指企业从银行或其他金融机构借入的期限在一年以上（不含一年）的借款。

> **解读**
>
> 长期借款的"长期"是相对的，其还款期限终有一天会变成一年以内，于是长期借款就成了短期借款。而许多长期借款都是在贷款的前几年还利息，在最后一年还本付息，那么贷款最后一年企业的还款压力可想而知。

2. 应付债券

应付债券是指企业为筹集资金而对外发行的期限在一年以上的长期借款性质的书面证明，约定在一定期限内还本付息的一种书面承诺。

 解读

产生应付债券这种情况比较少见，因为中国绝大部分企业的主要融资渠道都是银行借款，属于间接融资。发行债券属于直接融资，也就没有银行这个中间商赚取差价了。

3. 长期应付款

长期应付款是指企业除了长期借款和应付债券以外的长期负债，包括应付引进设备款、应付融资租入固定资产的租赁费等。

最典型的长期应付款就是融资租赁。融资租赁的本质是融资，根据会计中实质重于形式的原则，虽然资产属于对方，但实际上相当于承租方用分期付款的方式将这项资产购买回来，所以，租入的资产可以体现在承租方的资产负债表中。同时，未来一段时间支付给对方的租金总额作为资产的实质买价记入负债，从而成为长期应付款。

2.8 所有者权益

所有者权益是指企业资产扣除负债后，由所有者享有的剩余权益。因此，所有者权益也常常被称作净资产或者股东权益。

比如，某老总资产 10 亿，负债 8 亿，其实际净资产就是 2 亿。对企业来说也是如此，100 亿资产，70 亿负债，净资产就只有 30 亿。

所有者权益中有四个项目，即实收资本（或股本）、资本公积、盈余公积和未分配利润。

2.8.1 所有者权益类科目

1. 实收资本（或股本）

实收资本是指企业的投资者按照企业章程或合同、协议的约定，实际投入企业的资本。

在我国，实收资本等于企业的注册资本。同时，实收资本不一定是投入的钱，专利、土地、设备等都可以作价出资。

投入企业的资本，在股份有限公司叫股本，在其他类型公司叫实收资本。两者虽名称不同，但性质一样。

2. 资本公积

资本公积是指企业收到的投资者超出其在企业注册资本所占的份额，以及直接计入所有者权益的利得和损失等。

资本公积的来源一般是股票发行溢价、投资者超额缴入资本。新股东为了进入，会超过原股价多付一些钱，但不能享受股东的投票、分红等权利，只能作为资本公积予以反映。

下面通过案例进行说明。

小明投资 1000 万元成立了明天公司。小芳想入股，与小明各拿 50% 的股份。或许有人会说，小芳再投入 1000 万元，公司总共 2000 万元，她与小明每人 50% 股份不就正好了吗？但明天公司经营很好，销路很广，其资产总值不只 1000 万元，这样的交易对小明来说不划算。

后来经过两人协商,小芳投入1500万元,获得了明天公司50%的股权。于是在会计中,原来小明投入的1000万元加上小芳新投入的1500万元中的1000万元,实收资本总计2000万元。在实收资本里,两人每人1000万元,正好各占50%,体现了股东所占明天公司的股权比例。同时,小芳多交的500万元被记入资本公积。这笔钱就不再为小芳所有,而为公司所有,公司又按照股权比例分配给各个股东。因此,资本公积里的500万元由小明和小芳各占250万元。

在经营很好的公司里,资本公积也会水涨船高。

3. 盈余公积

盈余公积是指企业按照规定从净利润中提取的各种积累资金。

盈余公积不用来分红,而是继续留在企业内部循环。

盈余公积的用途主要有三种:弥补亏损、转增资本和投资企业经营生产。其中,弥补亏损的情况一般不多,因为盈余公积是由税后利润转来的,国家允许用发生亏损的五年内税前利润弥补,没必要多交所得税。同时,《公司法》规定,公司在分配当年税后利润时,应当提取利润的10%列入公司法定公积金。

4. 未分配利润

未分配利润是指企业尚未分配的利润。

在净利润中提取完必要的公积之后,企业可以将剩余的利润分红给股东,也可以留在企业准备用于投入经营或者投资。如果留在企业里,就形成了未分配利润这个项目。

介绍完资产负债表中资产、负债以及所有者权益的各个构成,接下来我们看看资产负债表阅读的案例吧!

2.8.2 资产负债表的阅读：海底捞的小老弟

学习完资产负债表中必须掌握的一些概念和内容之后，我们就开始进行资产负债表的初步阅读。我们在这一小节，试着用一张真实的资产负债表来学习并掌握如何通过阅读快速了解一家公司的基本情况与要点。

综艺节目《中国有嘻哈》在我国点燃了许多年轻人的嘻哈热情。一句"我吃火锅，你吃火锅底料"红遍大江南北，今天我们研究的就是一份来自专业做"火锅底料"公司的财报。

这是一家香港上市公司，名叫颐海国际，主营业务是火锅底料、火锅蘸料以及中式复合调味品，注册地在开曼群岛（很多公司总部都位于这里）。在开曼群岛注册公司，具体优势如图2-3所示。

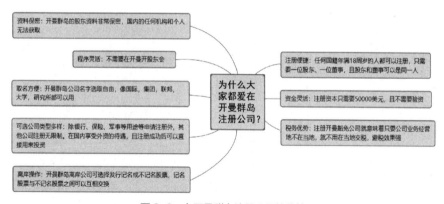

图2-3 在开曼群岛注册公司的优势

对于这家公司，可能知道的人不多，但说到它所属的集团——海底捞，可能就无人不知、无人不晓了。

没错，海底捞的火锅底料就来自这家企业。而海底捞集团，既是它最好的大哥——两者的实际控制人都是海底捞创始人张勇夫妇，也是它最大的客户——每年这家公司持续向海底捞提供高质量的火锅底料。

大家都知道，海底捞的服务非常优秀。我们来看看它的小老弟——"火锅底料"公司2016年的财报如何，如图2-4所示。

Consolidated Statement of Balance Sheet
综合資產負債表

		Note 附註	As at 31 December 於12月31日	
			2016 2016年 RMB'000 人民幣千元	2015 2015年 RMB'000 人民幣千元
Assets	**資產**			
Non-current assets	**非流動資產**			
Land use rights	土地使用權	6	31,738	7,330
Property, plant and equipment	物業、廠房及設備	7	116,141	120,491
Intangible assets	無形資產		2,803	823
Deferred income tax assets	遞延所得稅資產	10	6,584	5,697
Prepayments for property, plant and equipment	物業、廠房及設備預付款項	13	8,608	1,748
Total non-current assets	**非流動資產總值**		165,874	136,089
Current assets	**流動資產**			
Inventories	存貨	11	130,496	102,754
Trade receivables	貿易應收款項	12, 31	67,080	63,838
Prepayments and other receivables	預付款項及其他應收款項	13, 31	38,217	51,467
Cash and cash equivalents	現金及現金等價物	14	1,021,999	235,216
Derivative financial instruments	衍生金融工具	15	—	—
Total current assets	**流動資產總值**		1,257,792	453,275
Total assets	**資產總值**		1,423,666	589,364
Equity	**權益**			
Equity attributable to owners of the Company	本公司擁有人應佔權益			
Share capital	股本	16	68	31
Reserves	儲備	17	1,266,137	141,893
Total equity	**權益總額**		1,266,205	141,924
Liabilities	**負債**			
Non-current liabilities	**非流動負債**			
Redeemable convertible preferred shares	可贖回可轉換優先股	21	—	186,667
Current liabilities	**流動負債**			
Trade payables	貿易應付款項	19, 31	71,276	43,324
Other payables and accruals	其他應付款項及應計費用	20, 31	56,748	196,915
Current income tax liabilities	即期所得稅負債		29,437	20,534
Total current liabilities	**流動負債總額**		157,461	260,773
Total liabilities	**負債總額**		157,461	447,440
Total equity and liabilities	**權益及負債總額**		1,423,666	589,364

The notes on pages 136 to 224 are an integral part of these financial statements.

第136頁至第224頁的附註為此等財務報表的組成部分。

The financial statements on page 131 to 224 were approved by the Board of Directors on 28 March 2017 and were signed on its behalf.

第131頁至第224頁的財務報表於2017年3月28日獲董事會批准,並由下列董事代為簽署。

图2-4 颐海国际2016年综合资产负债表

阅读资产负债表的方法多种多样,一般而言要先看大项目(见图2-5)。

图 2-5 资产负债表的阅读顺序

纵向来看，2016 年企业资产总额（资产总值）约为 14.24 亿元，负债总额约为 1.57 亿元，所有者权益（权益总额）约为 12.66 亿元。

这样看来企业负债率不高，才十几个点，直观感觉债务压力应该不大。

横向来看，2015 年企业资产总额约为 5.89 亿元，2016 年约为 14.24 亿元，增加了 8.35 亿元，翻了近 2 倍，升值速度相当快。

这不禁让人产生疑问，推测的解释是：这家企业正处在发展期，可能存在大量借债。于是往下看负债总额：从 2015 年的 4.47 亿元下降到 2016 年的 1.57 亿元，这说明企业并没有大举负债，还减少了近 3 亿元的负债，8.35 亿元资产的增加都来自所有者权益部分。

那么究竟是因为这家企业 2016 年太挣钱还是有其他原因呢？

对财报的阅读，就是一个不断产生困惑、问题，解决困惑、问题的过程。如果困惑、问题解决不了，那么就是企业有问题。

负债是考察的重点，我们要带着疑惑去财报中找解释。

在 2016 年年报中发现，该企业在该年度的负债大幅下降，而资产大幅上升。通过简单计算得出，企业 2015 年资产负债率为 76%，可不算低。经过一年时间，2016 年资产负债率减少至 11%，同比直降 65%。负债率降幅太大了，大到有点夸张，颐海国际在哪发横财以至突然这么有钱？我查了财务报表附注（附注很重要）关于负债方面的内容，一下就找到了答案。

（1）可赎回可转换优先股在上市后已转换成普通股；

（2）向关联方偿还了因郑州工厂建设的应付款项；

（3）2016 年公司上市募集资金，导致资产规模扩大。

1. 可赎回可转换优先股、优先股

可赎回可转换优先股是一种特殊的优先股,在享受优先股权利的同时还拥有可以将优先股转换成普通股的权利,通俗地说,就是能在一定条件下置换成普通股票的优先股。

优先股是享有优先权的股票。优先股股东对公司资产、利润分配等享有优先权,其风险较小。但是,优先股股东对公司事务无表决权,也没有选举权及被选举权,且对公司的经营没有参与权。优先股股东不能退股,只能通过优先股的赎回条款被公司赎回能稳定分红的股份。通俗地说,就是优先股股东可以在还债后、普通股股东分红前进行分红,但是不能参与公司经营、不能退返入股本金的股份。

这就合理解释了为什么颐海国际的资产大幅增加,负债大幅减少了。颐海国际之前没钱建厂,便找关联方帮忙在郑州建厂,于是欠关联方钱,形成负债。2016年颐海国际还了关联方的钱,同年公司上市,所有者权益扩大,资产总额增大,资产负债率明显降低。

对于负债,除要关注其规模以外,还要注意观察其利率高低。利率低,表明大家愿意借钱,说明理论上该企业信誉良好;利率过高,甚至借了民间高利贷,说明该企业可能存在巨大的风险。

阅读财报,就是要找出不符合常规逻辑的地方,然后多问问题,仔细找原因。如果企业给不出很好的解释,或者解释非常牵强,就可能是危险信号。

2. 资产的变化

2016年颐海国际的流动比率为7.99,速动比率为7.16(详见第六章),可见其偿债能力非常强,也印证了我们对它的第一印象。

其存货余额从2015年的约1.03亿元增加到2016年的1.30亿元,存货占资产的比重不大,但同比增长率达30%。存货余额的增多和减少并不存在绝对意义上的好坏之分,具体要根据市场来看。如果销售情况好,

存货越多就越有利；如果销售情况差，则存货越多越危险。同时，还要结合利润表看今年的营业状况。经营状况好，说明后劲足；经营状况差，说明存货太多且未来有积压风险。总之，要从多方面分析，进行综合判断。

企业流动资产和非流动资产的结构让我感到很惊讶：流动资产占比88.35%，非流动资产仅占比11.65%。颐海国际是一家制造企业，需要工厂、工人等进行生产，而且厂房、生产设施都需要不少钱，所以非流动资产按理说要占资产的很大一部分比重，偏偏它的现金还多得像天上的星星一样数不清。

后来知道它是2016年上市的，才理解了这种不可思议的资产结构，相信它在未来一定会进行调整的。

3. 趋势与内涵

资产负债表体现的就是会计恒等式：资产 = 负债 + 所有者权益。

该公式是静态的，所以我们看到的资产负债表也是静态的。

要想真正学会看资产负债表，把它看活，就必须"动态"地看，即结合行业的周期、企业的周期及往年的年报看。同时还要横向地看，从趋势方面看。

前面已经讲过，著名的"企业生命周期"理论指出，企业的发展有四个阶段：萌芽期（诞生）、成长期（发展）、成熟期（衰老）、衰退期（落幕）。颐海国际2013年成立，2016年上市，业绩可谓节节攀升。毫无疑问，它处于前两个阶段：萌芽成立和成长期。一个企业发展快速，最突出的体现就是资产、固定投资和营业收入等快速增加。

颐海国际大体上与上述特征相符，但在固定资产增加这一块稍显薄弱。

颐海国际2016年上市，所有者权益的扩大使得企业资产大增；同时，现金及现金等价物项目积累了约10.22亿元的巨款。这么多钱堆在账上，其实并非好事。

可能有人会觉得奇怪：钱多了还不好？

的确不好，因为现金太多就相当于得了"现金肥胖病"。钱是有成本的，每年都会发生通货膨胀，钱堆在账上不动就会越来越不值钱。企业上市后筹到了那么多钱，股东们当然希望能将其投入生产，用于扩大规模、年底分红。所以，企业要快点运动起来（经营：对内投资；扩张：对外投资）。

这便涉及资产的配置问题。资产是能够带来盈利的，把钱投资到什么资产上决定了企业未来的盈利方向和盈利水平，这也是企业最重要且最关心的问题之一。

企业要进行战略投资，就必须区分清楚轻资产战略与重资产战略。

4. 资产的轻与重

根据对企业造成的"压力"，资产可分为轻资产和重资产。而划分的标准有两个：一是该资产占用资金占总资产的比重；二是用该资产带来的利润总额除以获得该资产的成本，即资产成本回报率。

所占资金比重小，利润回报率高的就是轻资产；反之，则是重资产。

现在都倡导企业要轻资产运营，认为轻资产给企业带来的资金压力小，且获利高，其实并不完全正确。一般情况下，轻资产企业获利快，压力小，风险低；重资产企业则刚好相反，获利慢，压力大，风险高。所以，大家普遍喜欢轻资产。但是有些企业不可能轻资产运营，比如房地产企业，其最重要的核心资源是土地，而地价动辄上亿，甚至几百亿、上千亿，如何能"轻"得起来？

另外，有些行业的"重资产"是根据企业实际运营情况选择的。例如，京东一直坚持自建物流系统，而这项系统耗费了京东巨大的资产。但从长远来看，自己的"命脉"没有让其他物流企业扼在手里，就不需要俯仰受制于他人，从而给京东未来的发展不同于一般电商企业提供了可能。当然这也有坏处，盘子太大，系统太复杂，对管理能力要求很高，就会拖慢其他方向的布局节奏。

所以，轻有"轻"的好处，重有"重"的必要，我们要具体情况具体分析。

理解了轻、重资产，下来再来理解战略资产的配置。

5. 战略资产

根据对企业未来发展的影响，可以把资产分为战略资产和非战略资产。

战略资产是指对企业未来商业布局有重要意义，投入大、影响深远的资产。

战略资产就像围棋盘上布局的要点，一旦布下，后面的行棋就要围绕要点进行。因此，该资产的占比一般较大，且对企业发展具有方向性、指导性的作用，并预示下一轮企业的侧重方向。

分析一家企业的战略资产，了解其资产投资背后的商业意图，是对财报分析的深入挖掘，也是成为顶尖投资人才的必经之路。正如海底捞创始人张勇夫妇投资颐海国际，就是为了纵向一体化布局，使颐海国际构成自己布局思路里"战略资产"的一环。

> 思考：为什么马云、马化腾要分别投资滴滴和快的？为什么马云要投资菜鸟网络？为什么马斯克要投资 SpaceX？

颐海国际拥有这么多钱，怎么投资？如何投资？这是投资者必须关心的事。如果投资厂房等以扩大生产，且市场足够广阔，那么收入就有大幅上涨的可能。如果投资其他行业，那么管理层就要开展多元化经营，这时就需要进一步观察管理层是否对新行业有足够了解、是否有能力面对新的竞争、投资是否会血本无归等。这些都是年报所不能解答，需留待未来解决的问题。

分析的角度千千万，笔者抛砖引玉，就是希望读者能够在资产负债表的各个项目,尤其是资产、流动资产、非流动资产、负债、所有者权益等的变动中,用独到的手法,把准企业的脉搏。

6. 行业对比

行业是根据国民经济组织不同的结构体系特征进行的划分。不同行业的企业在经营模式、财务结构上可能存在较大的不同,而同一个行业的企业在这些方面则具有较多的相似性。在分析时要跟同行业的其他企业对比,发现企业经营模式及财务结构的不同,从不同方面入手,研究其中包含的细节,体会企业间经营方向、经营特点的差别,从而理解企业。但颐海国际并没有与太多同行业对比的必要,因为它不需要跟同行业的企业竞争,因为全世界的海底捞都是它的金主。

7. 主营业务清晰

主营业务清晰的企业往往会受到投资者的青睐,因为多元化经营很难。不同行业有不同的特征和规律,要分别对待。企业和人一样,精力、资源都是有限的,如果不能攥紧拳头,打出去就是软绵绵的,正所谓"伤敌十指,不如断敌一指"。

因此,多元化经营常被人戏称为"多元化灾难"。从这个角度来看,颐海国际的主营业务就非常清晰——调料,其主营业务火锅底料、火锅蘸料以及中式复合调味品三项业务收入占比分别是80.2%、6.8%、12.4%,总计占比高达99.4%。

8. 作为关联企业特别需要注意的

有些大股东利用自身优势地位占用企业资金,让该企业成为大股东的"取款机",成为没有钱的"空壳"。这时就需要关注其应收账款、其他应收账款等往来项目及大金额往来,看是否存在大股东占款的现象。

颐海国际2015年应收账款约为0.64亿元,2016年应收账款约为0.67亿元,变化并不大。其中关联方海底捞集团产生的应收账款,2015年约为0.59亿元,2016年约为0.54亿元,分别占当年应收账款总额之比为

92.18%、80.60%。从趋势上看，海底捞集团的应收账款 2016 年比 2015 年减少了超过 10%。而从应收账款占收入的比重来看，其 2015 年、2016 年收入分别是 8.47 亿元、10.88 亿元，应收账款占收入比分别是 7.56%、6.16%。结合行业内正常占比 0～10% 来看，应收账款占收入的比重正常。

由此可以看出，颐海国际几乎不存在大股东占用资金现象。

9. 资产负债表之外

这里还以颐海国际为例。作为海底捞的锅底供货商，颐海国际与海底捞一荣俱荣、一损俱损。所以，对这种特殊的关联企业，仅看它的财报、分析它的企业状况是不够的。除非它有一天翅膀硬到可以不做海底捞的生意，否则就必须考察海底捞的财务状况、经营情况及未来方向。海底捞经营得不错，它自然会水涨船高；海底捞经营得差，它就会受到很大的负面影响。

关联上下游企业还有一个常见现象——温室里的孩子。

颐海国际没有经历过市场竞争的风风雨雨，也从没体会过生存的压力，在管理上、内控上、竞争上可能会比同行业的其他企业稍逊一些，因此需要投资者从各个方面持续关注。

海底捞业绩好，大家都喜欢去，并不只是因为它的火锅底料好吃，而是服务、品牌等资产负债表之外的因素促进了其快速发展。学会看财报是投资的第一步，恭喜你已迈进投资的大门。

> 知识链接

XMind 思维导图软件

一个好的思维导图工具能快速提高使用者学习与分析财报的能力。笔者习惯在阅读完财报之后，做一个思维导图文件，以便整理一家公司的情况。

市面上的思维导图软件很多，最有名的是 MindManager、iMindMap、FreeMind 以及本文推荐的 XMind。MindManager 对微软用户很友好，并且和 Office 办公软件有很好的兼容性。但这款软件需要付费，价格也稍微有点贵。而 XMind 已经开源，用户需要的功能基本都有，快捷键丰富，用起来很顺手，是不错的选择。

本章小结

1. 资产、负债与所有者权益，以及流动性的定义。

2. 资产与人才的关系，负债与所有者权益的不同、负债的"好"与"坏"，以及财务杠杆的作用。

3. 资产负债表的结构及关键内容。

4. 流动资产与非流动资产：各个项目及其解释、资产的轻与重、需要注意的问题。

5. 流动负债与非流动负债：各个项目及其解释，需要深入理解的问题。

6. 对所有者权益的理解。

7. 案例：海底捞的小老弟。

8. 思维导图分析工具推荐：XMind。

书 单 推 荐

书名	作者
1.《人人都看得懂的财报书》	孟庆宇
2.《手把手教你读财报》	唐朝
3.《思维导图从入门到精通》	宋莹
4.《3G 资本帝国》	［巴西］克里斯蒂娜·柯利娅
5.《在家就能读 MBA》	［美］乔希·考夫曼

第三章

利润表：一张表读懂企业损益状况

3.1 利润表是股市暴风雨里的指南针

3.2 利润表的结构和关键内容

3.3 利润表重点项目介绍

3.4 如何通过利润表看企业竞争力

利润是如此重要，使得利润表成为"三大报表"中最夺人眼球的明星报表。如果资产负债表是"存量"，那么利润表和现金流量表就是"流量"。存量代表过去某个时点的状态；流量则体现过去某段时间的成绩。

谁说现在才是流量时代？在投资中，流量的概念早已有之！

3.1 利润表是股市暴风雨里的指南针

企业经营最重要的是什么？生存与发展。

实现生存与发展最重要的是什么？获得利润。

3.1.1 利润＝收入－费用

利润表的编制依据是：利润＝收入－费用。

所以，从利润表与实践中能得出相同的结论，即增加利润的途径有两个：要么提高收入，要么降低开支（俗称"开源节流"）。前者主要靠产品优势，后者主要靠管理能力。

年度利润表体现的是企业全年的盈利情况。

3.1.2 营业利润、利润总额及净利润

利润表又被称作损益表，损是失，益是得。老子在《道德经》中说过："天之道，损有余而补不足。人之道则不然，损不足以奉有余。"西方也有类似的理论，如马太效应：富的越富，穷的越穷。在一些行业中，

可谓赢者通吃——Winner wins all。优秀企业的利润表与普通企业的利润表确实大有不同。

利润表中有三个最重要的直观指标：毛利润、营业利润及净利润。这三个指标都是"利润"指标，但口径大小不一样，体现的利润层次也不一样。

其中，毛利润直接体现企业的经营获利能力；营业利润进一步考量了企业的管理成本、财务成本、销售成本控制以及税收筹划等能力；净利润是最后的利润，已扣除了一切应该扣除的。摊开净利润这块大饼，股东就可以分吃了。

企业经营、投资是为了盈利，而利润表就是观察企业赚钱与否的最好风向标，是股市暴风雨里的指南针。

3.2 利润表的结构和关键内容

利润表是投资者最关心的一张报表，其结构从上至下，由营业收入开始，加加减减，一直到净利润为止。利润表把净利润的形成过程严密而有序地展现在报表阅读者面前，供其获取信息。利润表宏观上可分为三部分：表头、表体以及签章。利润表的结构如表3-1所示。

利润表项目多样，但结构主要分为收、支、余三大类型。收是收入，支是成本，余是利润。收减去支，得到余。余是利润表的精髓，也是投资者最关注的内容。

表 3-1 利润表

编制单位：××××股份有限公司　　　　　单位：人民币（元）

项目	附注	本期金额	上期金额
一、营业收入			
减：营业成本			
税金及附加			
销售费用			
管理费用			
财务费用（收益以"－"号填列）			
资产减值损失			
加：公允价值变动净收益（净损失以"－"号填列）			
投资收益（净损失以"－"号填列）			
其中：对联营企业和合营企业的投资收益			
二、营业利润（亏损以"－"号填列）			
加：营业外收入			
减：营业外支出			
其中：非流动资产处置净损失（净收益以"－"号填列）			
三、利润总额（亏损总额以"－"号填列）			
减：所得税费用			
四、净利润（净亏损以"－"号填列）			
五、每股收益：			
（一）基本每股收益			
（二）稀释每股收益			

表头
→ 体现编制单位名称、利润表所属年份以及货币单位等。

表体
→ 这是利润表里最重要的部分，由利润表内各项目组成。从营业收入开始，根据业务逻辑进行加减后，以每股收益结束。这张表里最重要的三个利润项目为：营业利润、利润总额以及净利润。读者要通过学习，好好区分三者的不同。

签章
由相关人员签字盖章。体现公司法定代表人与相关管理人员对这张利润表的认可，对表内数据真实性、有效性负责。

企业法定代表人： 　　主管会计工作负责人： 　　会计机构负责人：

利润表项目详解如图 3-1 所示。

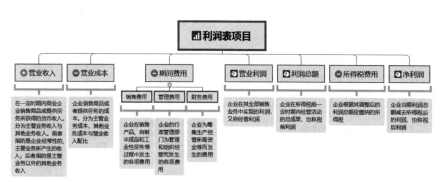

图 3-1　利润表项目

理解了利润表项目，我们还要理解利润表的缺点与限制，这样才能更全面地了解企业的未来。

1. 利润表代表"过去"

利润表体现的是"过去某期间"的盈利状况。投资者最关注的是从自己投资时起企业在未来盈利与否、盈利多少。

利润表其实具有滞后性，并不能预测未来，只是报告之前一段时间内，企业通过各种努力所获取的利润。如果是年度利润表，那么体现的就是一年期间内企业的盈利状况。

值得强调的是，过去的利润其实已经体现在股价中了，因此对于投资者而言，更重要的是企业的"未来"盈利。

"未来"两个字很关键。但利润表给不了投资者未来的承诺，只能记录过去的成绩，因此投资者在阅读利润表的时候，必须明白，企业过去做得不错，只能预计它未来"大概率"能做好。但这只是推测，并不代表未来一定能做好。

从统计学角度看，99%与100%是天壤之别。这里并不是建议大家不要看利润表，只是希望读者能够理解利润表的局限性。

2. 利润是"利润",钱是"钱"

利润表不一定能够完全"真实"地反映企业赚的钱,有了收入但不一定收到了钱,收到了钱但不一定形成了收入。前一种没钱,但是利润表上算利润;后一种有钱,但是利润表上没利润。

应收账款就属于前一种情况。尽管你确认了销售收入,但实际上并没收到钱,这是一种正常的商业现象。但各个企业的应收账款管理水平不同,一部分管理较差的企业根本收不回钱,这时读者就要仔细留意了,这"实际"上能算企业的利润吗?

预收账款就属于后一种情况。很多健身房、理发店,都会收取客户的预付款。客户还没消费,这笔钱就不能确认收入,但它"大概率"未来会流入健身房、理发店。房地产企业这种情况比较多,项目开盘之后,顾客付了钱,要第二年交房。这笔款会记在"预收账款"科目,同样不能确认收入。但事实上,客户退房的情况并不多。

3.3 利润表重点项目介绍

利润表中的项目大致分为三类:收入、支出以及利润。其中,收入是获得利润的起点。

3.3.1 营业收入

营业收入是利润表中的第一个项目,俗称"营业额"。它就是我们常常提到的"营收",也是大家最关心的利润表项目之一。

营业收入 = 主营业务收入 + 其他业务收入

在过去的利润表上，会分列这两项。但随着时代的发展，许多企业出现了多种业务并重的现象，以致主营业务与其他业务不好区分，加之其对营业收入的影响效果相同，因此最新的利润表将两者之和直接填列到"营业收入"项目。

这个指标非常重要，因为它与企业的"营运能力"直接挂钩。可以说，取得营业收入是获得一切利润的首要前提。值得注意的是，收入不高利润一定高不了，但收入高利润也不一定高，因为还要扣除"成本"与"税费"等。

那么"营业收入"从何而来呢？

答案是产品。

产品是给企业带来营业收入的关键，也是衡量企业竞争力的关键。所以，许多企业家都非常重视"产品思维"，即一定要打造质量过硬的好"产品"。

像苹果公司的iPhone、茅台集团的飞天茅台酒等，根本就不愁没有"营业收入"。但这里说的"产品"是指广义上的"产品"，并非某些读者所认为的"库存商品"。它不仅仅指有形的房屋、车辆、牛奶、手机等"实体"，还指网络课程、咨询服务、讲座培训等"无形"产品。总之，产品就是企业提供给市场，满足消费者某种需求的东西。

3.3.2 营业成本

营业成本是与营业收入关系最密切的一个项目，指企业所销售商品或者提供劳务的成本，它与营业收入配比。

配比原则

配比原则是指某个会计期间或某个会计对象所取得的收入应与为取得该收入所发生的费用、成本相匹配，以便正确计算在该会计期间，该会计主体所获得的净损益。对营业成本而言，"配比原则"很重要。

举个例子，小明经营一家维修店，给小红修自行车（用扳手），给小兰修摩托车（用升降台），结果摩托车太重，升降台受损。

升降台的损耗是 800 元，维修摩托车收入是 3000 元，那么这 800 元成本就要和 3000 元收入配比，不能把这笔为了"修摩托车"所花的升降台的维修成本算到"修自行车"的头上。没有其他支出的话，修摩托车这项业务的利润是 3000-800=2200（元）。

营业成本是研究一个行业很好的切入点。

从横向看，营业成本是材料费、人工费与制造费之和，营业成本构成在不同行业间有显著不同。从纵向看，同行业的企业盈利模式相近，一般来说，营业成本的构成比较相似。从营业成本与营业收入的比较、各个营业成本构成项目的高低差别可以看出一个企业的管理水平。

如果说产品是营业收入的生命，那么管理水平就是营业成本的氧气。

大家要从根本上理解一些管理现象，为什么成熟的行业往往对公司的成本控制要求较高？这跟营业成本有关。

企业的竞争战略非常多，但基本可分为两大类：差异化战略和成本领先战略。

前者是指在同类竞争中，保证公司产品与同行业的产品不一样，即存在"差异化"，拥有显著优势，从而掌握定价权，如早期苹果公司的 iPhone。后者则是指在同类产品竞争中，产品不再有显著的优势，需要通过压缩成本来获得利润空间，如沃尔玛。

这两种战略的本质相同，都是为了获得竞争优势。

在成熟的行业里，能立于不败之地的战略通常是成本领先战略。因为到一定阶段后，市场不再会"野蛮生长"，规模相对稳定，产品品质趋同，导致营业收入基本上没有较大的增长空间。这时要想提高营业利润，只能从成本管理上下功夫，即控制"营业成本"。但控制营业成本对管理水平要求严格，需要上下游之间的协调与配合、竞争与合作，以及对生产线的控制与管理。管理者如果实行该战略，就要熟悉公司各个方面的业务、流程等，只有这样才能从"缝隙"中找到降低成本的可能，可以说非常不容易。

> **知识链接**
>
> **3G 资本与费用控制**
>
> 3G 资本由雷曼、马赛尔和贝托三个人创立。随着 3G 资本的发展壮大，他们三人成了巴西最富有的人。
>
> 这家公司最为世人所熟知的特色就是：大胆任用年轻人、职位能上能下、对收购企业大幅削减成本。这种方式带来了巨大的成功，帮助 3G 资本收购了诸如百威、汉堡王、亨氏、卡夫、提姆霍顿等多个食品界的巨头，成了"巨无霸"型资本公司。
>
> 这里列举一个成本控制方面的例子。安海斯-布希被 3G 资本收购前原是一家家族企业，其继承者们拥有多架私人飞机、经常出入高端场所、入住五星级酒店。3G 资本收购这家企业之后，一律按照 3G 资本的要求管理企业，禁止使用私人飞机，高层也只能坐经济舱，五星级宾馆待遇没有了，豪华自助餐也取消了，一切以"效率"为主，并且不再给高管们任何享受对公司盈利无益的特权。结果，甩掉包袱后的安海斯-布希利润"噌噌"往上走。
>
> 像这样的商业案例在 3G 资本有很多，而削减成本是其治疗公司利润顽疾的头号处方。

3.3.3 期间费用

期间费用是指企业日常活动发生的不能计入特定核算对象的成本，而应计入发生当期损益的费用。正如其名，期间费用是属于某个时期内的，因此需要在当期扣除。比如 2019 年发生的期间费用，绝不能转到 2018 年或者 2020 年。

期间费用主要分为三类：销售费用、管理费用及财务费用。

销售费用原来被称作"营业费用"，在2007年开始执行的新会计准则中被改为现名。它是指企业在销售产品、自制半成品和工业性劳务等过程中发生的各项费用。比如，乳制品行业的销售费用非常高，因为广告支出巨大，所以，广告费用就在销售费用里核算。

管理费用也称"行政费用"，顾名思义，即行政管理产生的费用。

从管理费用的明细可以看出相关企业的"行政风格"。像差旅费、业务招待费、交通费、通信费等，都在管理费用里核算。对管理费用的控制，可以体现出一个企业的管理水平。在管理费用这个科目上，管理者跟股东的利益并不一致。因为支出的管理费用绝大部分由管理者享受。而这些支出如果能节省下来，就可以进入利润，归股东所有。因此，支出的管理费用，实际上是在薅股东的羊毛；而节约的管理费用，就是为股东利益的最大化服务。

中共十八大之后，我国针对"公务接待费"出台了许多规定，如规定接待的人均标准、严格限制接待的陪同人数、完善接待报销的流程以及单据要求，同时规定公务接待一律不得饮酒。这些规定的出台狠刹了部分单位与个人的享乐主义与奢靡之风，取得了良好效果，也体现了党和国家为人民服务的宗旨。

财务费用是指企业为筹集生产经营所需资金等而发生的费用，最主要的就是借款利息以及相关的手续费等。如果做外贸，就会涉及外币汇率的波动问题，那么导致的汇兑损益也在财务费用里核算。

细心的读者可能又发现了一个问题，即营业成本与期间费用非常类似，都是盈利过程中发生的支出。这就涉及财务上很重要的"资本化"和"费用化"的问题。

资本化与费用化

资本化支出计入形成资产的成本，通过折旧摊销在使用期内扣除；

而费用化支出则当期发生就一次性计入当期损益中，以后不再扣除。

在无形资产的会计准则中有这样的条款：企业内部研究开发项目研究阶段的支出，应当计入当期损益（管理费用）；无法区分研究阶段和开发阶段的支出，应当在发生时作为管理费用全部计入当期损益。

资本化与费用化对医药企业的财务报表有很大的影响与限制。为了开发新药，医药企业往往会投入很多研究费用，那么按照上述准则条款的要求，只有在开发阶段的支出才能计入"无形资产"，而之前的支出则全部只能作为当期损益结转。比如企业花了1000万元研究专利，花了1800元申请专利，1000万元只能按照损益结转——花了就没了，而1800元则能计入无形资产。

总而言之，在开发阶段，相关支出资本化，构成了无形资产的一部分。而在研究阶段，相关支出费用化，成为当期损益。无形资产的初始计量，体现了会计的"谨慎性"原则。

两者对财报的直接影响是，研究阶段费用化，导致当期产生巨额费用，利润表不好看；而开发阶段资本化，则构成无形资产的一部分，使资产规模得以扩大。

医药企业管理层更喜欢哪一种不言而喻，但有时财报就如人生，并不由你选择——准则说了算。

3.3.4 营业利润

从利润表上，可以很清楚地看到企业获得营业利润的过程。

营业利润 = 营业收入 - 营业成本 - 营业税金及附加 - 销售费用 - 管理费用 - 财务费用 - 资产减值损失 + 公允价值变动净收益 + 投资收益

在营业利润的公式中，由于"营改增"，"营业税金及附加"中的"营业税"已经成了历史，根据《财政部关于印发〈增值税会计处理规定〉的通知》的规定，"营业税金及附加"科目名称调整为"税金及附加"科目。

而"公允价值变动净收益""投资收益"两个科目在一般企业数额都不大,对营业利润影响最大的还是营业收入与营业成本。

3.3.5 利润总额

利润总额又称"税前利润",其公式如下。

$$利润总额 = 营业利润 +(营业外收入 - 营业外支出)$$

从公式可以看出,利润总额是由营业利润加上营业外收入减去营业外支出得到的。

营业外收入与营业外支出都很好理解,就是与企业生产经营活动无关的收入与支出。

例如,小明是一家奶茶店的老板,有一天买彩票中奖500万元,中奖并不是因为小明店里的奶茶卖得好,这笔钱自然与小明的营业无关,这就是营业外收入。

再如,小明开奶茶店的餐车出门见女友,因为超速违章被罚款,尽管餐车属于奶茶店,但这笔支出并不是小明卖奶茶导致的,而是小明急着去见女友造成的,这就是营业外支出。

总而言之,利润总额反映的是企业在扣除所得税之前所获得的利润。除去目前尚包含在内的应纳所得税,其他都归股东所有。

3.3.6 所得税费用

所得税费用是指企业为取得会计税前利润应缴纳的所得税。

通俗地说,所得税就是企业与政府的利益再分配。你在政府管辖的地方赚了钱,自然要和政府分红,这个分红体现在政策上就是"税收"。

政府通过税收得到"分红",然后拿着这笔钱去投资基础设施建设、促进科教文卫事业的发展、开展精准扶贫等,在把事情做好的同时,又让"钱"回到了大家手里,就这样循环往复。

在中国，企业所得税税率一般是25%。当然，不同企业也有不同。小微企业享受企业所得税优惠政策，这里就不详细展开了。

古人云："国家兴亡，匹夫有责。"纳税是每个公民的义务，也是每个企业的义务。但是从微观角度来看，要提高最后归股东所有的利益，肯定是所得税越少越好。这一点无可厚非，国家也认可"税收筹划"这项活动。

> **知识链接**
>
> ### 税收筹划
>
> 税收筹划是指在法律规定许可的范围内，通过对经营、投资、理财活动的事先筹划和安排，尽可能取得节税（Tax-Savings）的经济利益。
>
> 这里需要注意，是"事先"。
>
> 也就是说，税收筹划必须在纳税义务发生"之前"进行，这才是国家允许的；而当纳税义务发生之后，就不存在筹划空间了。
>
> 比如，A公司主营饮料，本来准备做高档饮料，但发现做高档饮料要交很大一笔消费税。经过调查，A公司发现橙汁不属于高档饮料，不需要交消费税，于是放弃了做高档饮料的计划，开始生产橙汁。这种做法就属于"事先"筹划。
>
> 而当A公司生产高档饮料并且取得收入之后，便不存在税收筹划了，因为纳税义务已经发生，这笔消费税必须交。

> **知识链接**
>
> ### 利润转移
>
> 利润转移属于一种"越位"操作，希望大家能够认真了解。
>
> 利润转移是指由于国际之间的所得税税率不同，企业利用税制差异与征管漏洞，将本应缴纳高所得税的利润部分转移到低所得税地区进行

纳税的行为。利润转移在跨国公司较多见。

最常见的利润转移手段是利用无形资产的成本分摊协议转移利润。

通俗地说，就是母公司设在低税率地区，子公司设在高税率地区。为了使子公司少交所得税，母公司设立一个研发项目，形成无形资产（也可能这个项目根本就是子虚乌有），子公司与母公司签订协议，享受母公司知识产权等无形资产（究竟有没有享受，外部无从知晓），按照成本分摊协议，必须给母公司缴纳费用，形成了子公司的支出。

这样一来，原本属于子公司的利润通过这项名义上的"支出"转移到了母公司，而母公司所得税为低税率甚至零税率，从而达到避税目的。

利润转移的实际安排与操作非常复杂，这里说得很通俗，细节上也不算很准确，只希望能帮助读者理解。目前，国际、国内对这方面的监管、打击力度都很大，因此该交的税还是要老老实实交的。

3.3.7 净利润

净利润也称税后利润，指的是在利润总额中按规定缴纳了所得税以后公司的利润留存。

$$净利润 = 利润总额 - 所得税费用$$

至此，利润就完完全全归股东所有了，股东可以决定是将其放在企业里继续用于经营还是拿出来分红。

衡量一个企业股东回报能力的关键是看净利润。净利润在各项利润指标里是与股东关系最密切的。因此，净资产收益率（ROE）是最重要的一项股东回报指标，这一点在后面会进行详细介绍。

3.4 如何通过利润表看企业竞争力

企业竞争力最直接的体现,就是企业自身的盈利能力。

3.4.1 整体盈利能力

首先需要了解"毛利润"的概念。毛利润是指营业收入扣除主营业务直接成本后的利润部分。

在利润表中,毛利润与毛利率的公式如下。

$$毛利润 = 营业收入 - 营业成本$$

$$毛利率 = 毛利润 / 营业收入$$

不同行业的毛利率肯定不同,传统制造行业的毛利率一般不如高新产业的毛利率高。同行业的不同企业,毛利率高的企业整体盈利水平相对较高,竞争力也较强。

> **知识链接**
>
> **毛利率的影响因素**
>
> 1. 外部因素
>
> 外部因素主要是指市场供求变动导致的销售数量和销售价格的升降以及购买价格的升降。
>
> 2. 内部因素
>
> (1) 开拓市场的意识和能力;
>
> (2) 成本管理水平(包括存货管理水平);
>
> (3) 产品构成决策;
>
> (4) 企业战略要求。

此外还应注意，销售毛利率指标具有明显的行业特点。一般来说，营业周期短、固定费用低的行业，毛利率水平比较低；营业周期长、固定费用高的行业，则要求有较高的毛利率。

当然，我们还要比较"毛利润"这个指标数量的大小，这是企业整体盈利水平的体现。在企业产品类型单一的情况下，从某种程度上也能粗略地反映该企业的市场规模与市场份额水平。

3.4.2 核心盈利能力

核心盈利能力是指企业最核心、最赚钱的业务表现的盈利能力。

我们先了解一个非常有名的业务模型——波士顿矩阵（BCG Matrix）。它又称四象限分析法，由美国著名的管理学家、波士顿咨询公司创始人布鲁斯·亨德森于1970年创建，故而得名（见图3-2）。

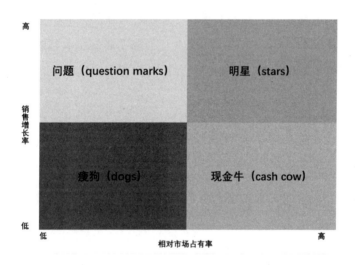

图3-2 波士顿矩阵

波士顿矩阵认为，一般决定产品结构的基本因素有两个，即市场引力和企业实力。

其中，销售增长率是体现市场引力最为重要的指标，这很好理解，你的产品卖得越好,证明你对市场的吸引力越大;而市场占有率是体现企业实力最为重要的指标,这也很好理解,因为无论是资金、品牌还是技术,其成果最终体现在产品在市场上占有的份额上。

以上两个因素相互作用,会出现四种不同性质的产品类型,形成不同的产品发展前景。

①销售增长率和市场占有率"双高"的产品群:明星类产品;

②销售增长率和市场占有率"双低"的产品群:瘦狗类产品;

③销售增长率高、市场占有率低的产品群:问题类产品;

④销售增长率低、市场占有率高的产品群:现金牛类产品。

波士顿矩阵策略

对于明星类产品,由于销售高增长,市场占有率高,应采取增长战略。

对于问题类产品,由于销售高增长,但市场占有率不高,未来难以预期,非常考验企业管理者的判断能力。如果未来看好,就有机会成为明星产品,那么必须采取增长战略;反之,应当采取收缩战略,以减少今后的损失。

现金牛类产品,属于已经成熟的产品,是企业优质现金流的来源,因此应当保持份额,采取稳定战略。同时,还应积极利用现金牛类产品带来的现金流入,对明星类产品与优质问题类产品进行投资。

瘦狗类产品,这类业务常常是微利甚至是亏损的。瘦狗型业务之所以会存在,更多的是由于感情因素,虽然一直在微利经营,但就像人对自己养了多年的狗一样恋恋不舍而不忍放弃。理智地看,应当采取收缩战略,剥离产品业务。

毫无疑问,企业的核心业务就是现金牛类产品业务、明星类产品业务以及未来可能成为明星类产品业务的问题类产品业务。

核心业务增长率

核心业务增长率＝本期核心业务利润与上期之差／核心业务收入

核心业务利润＝核心业务收入－核心业务成本－其他相关成本

核心业务一般是企业投入资源最多、营业收入中占比最高，在企业最具竞争力的业务。比如，对于万科而言，核心业务是房地产开发；对于波音而言，核心业务是飞机制造与销售；对于岳云鹏而言，核心业务是说相声。

横向来看，与同行业比较，可以看企业的行业竞争能力如何；纵向来看，与去年、前年等结果进行比较，可以看企业核心业务竞争能力的成长性如何。

本章小结

1. 利润的内容，流量与存量，利润表编制依据。

2. 利润表最重要的三个指标：营业利润、利润总额及净利润。

3. 利润表结构及关键内容，利润表各项目介绍。

4. 利润表重点项目介绍，税收筹划、利润转移两者的不同。

5. 核心盈利能力，波士顿矩阵及应对策略，核心业务增长率。

书 单 推 荐

书名	作者
1.《高级财务管理》	刘志远
2.《中级会计实务》	财政部会计资格评价中心
3.《思考的技术》	［日］大前研一
4.《鞋狗》	菲尔·奈特

第四章

现金流量表：企业的供血系统

4.1 现金流量表及其结构

4.2 现金流量表的构成

4.3 现金流量表的流入、流出比例及偿债能力分析

4.4 快速编制现金流量表的关键思路

4.5 通过现金流掌握企业的财务状况

如今在企业界，尤其是房地产行业，我们经常能听到"现金为王"这一说法。也就是说，企业要把现金流摆到最重要的位置。

这是为什么呢？因为对于企业来说，仅有面子上的利润是不够的，真正遇到困难时还是要依靠现金流。正如对外经贸大学张新民教授所说："利润表是面子，资产负债表是底子，现金流量表是日子。"

巴菲特说过："对估值而言，现金流比一切都重要。"

要理解现金流，最好的切入口就是现金流量表，它是企业的现金流水账。

现金流量表看起来项目繁杂，但其实不难理解，无非就是"进"与"出"。

如果把企业看作一个大水池，现金流入就是水从外面流进水池，现金流出就是水从水池流向外面。流入的水越多，水池的蓄积量就越多；流出的水越多，水池的蓄积量就越少。当然，现金流这个水池越满越好，否则资金链就容易断裂。

4.1 现金流量表及其结构

现金流量表是指反映企业在一定会计期间内现金与现金等价物流入和流出的报表。

一般而言，现金流量表主要由经营活动现金流量、投资活动现金流量与筹资活动现金流量三个部分组成，具体如图4-1所示。

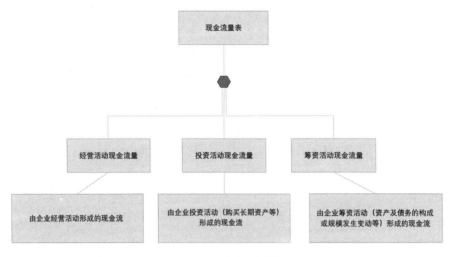

图 4-1 现金流量表结构

经营活动是什么？企业购买原材料，生产产品，销售产品，从而获得回报，就是经营活动。

投资活动是什么？企业收购上下游公司、开拓全新生产线、进行战略投资布局等都是投资活动。

筹资活动是什么？企业去银行借款、公开募集资金等就是筹资活动，即企业为了获得资金而开展业务。

4.2 现金流量表的构成

现金流量表中的现金是指企业库存现金以及可以随时用于支付的存款。现金等价物是指企业持有的期限短、流动性强、易于转换为已知金额现金且价值变动风险很小的投资。

由此可见，现金流量表中的现金与我们平常所理解的现金并不相同，还包括银行存款等。

现金流量表包括表头、表体以及签章三部分，表 4-1 所示为现金流量表实例。

表 4-1 现金流量表

编制单位：×××股份有限公司　　　　　　单位：人民币（元）

项　目	行次	本年金额	上年金额
一、经营活动产生的现金流量：	1		
销售商品、提供劳务收到的现金	2		
收到的税费返还	3		
收到其他与经营活动有关的现金	4		
经营活动现金流入小计	5		
购买商品、接受劳务支付的现金	6		
支付给职工以及为职工支付的现金	7		
支付的各项税费	8		
支付其他与经营活动有关的现金	9		
经营活动现金流出小计	10		
经营活动产生的现金流量净额	11		
二、投资活动产生的现金流量：	12		
收回投资收到的现金	13		
取得投资收益收到的现金	14		
处置固定资产、无形资产和其他长期资产收回的现金净额	15		
处置子公司及其他营业单位收到的现金净额	16		
收到其他与投资活动有关的现金	17		
投资活动现金流入小计	18		

表头
体现编制单位名称、现金流量表所属年份以及货币单位等。

表体
这是现金流量表中最重要的部分，由现金流量表内经营活动、投资活动以及筹资活动三部分组成。在这张表中，最重要的现金流项目是经营活动现金流入。

续表

项　目	行次	本年金额	上年金额
购建固定资产、无形资产和其他长期资产支付的现金	19		
投资支付的现金	20		
取得子公司及其他营业单位支付的现金净额	21		
支付其他与投资活动有关的现金	22		
投资活动现金流出小计	23		
投资活动产生的现金流量净额	24		
三、筹资活动产生的现金流量：	25		
吸收投资收到的现金	26		
取得借款收到的现金	27		
收到其他与筹资活动有关的现金	28		
筹资活动现金流入小计	29		
偿还债务支付的现金	30		
分配股利、利润或偿付利息支付的现金	31		
支付其他与筹资活动有关的现金	32		
筹资活动现金流出小计	33		
筹资活动产生的现金流量净额	34		
四、汇率变动对现金的影响	35		
五、现金及现金等价物净增加额	36		
期初现金及现金等价物余额	37		
期末现金及现金等价物余额	38		

签章
由相关人员签字盖章，体现公司法定代表人与相关管理人员对这张现金流量表的认可，对表内数据的真实性、有效性负责。

企业法定代表人： 　主管会计工作负责人： 　会计机构负责人：

前文说过，企业的现金无非就是"流入"和"流出"。那么企业涉及现金的活动，也无非就是"经营活动""投资活动"以及"筹资活动"。

从表4-1所示现金流量表可以看出，整张表主要包括三个部分：经营活动产生的现金流量（流入、流出），投资活动产生的现金流量（流入、流出），筹资活动产生的现金流量（流入、流出）。

4.2.1 经营活动产生的现金流量

经营活动产生的现金流量是指企业投资活动和筹资活动以外的所有交易和事项产生的现金流量。一般而言，经营活动现金流量是企业现金的主要来源。

其中最重要的项目就是经营活动现金流入里的"销售商品、提供劳务收到的现金"，它能直接体现企业的盈利能力与收款情况。

这里我们通过经营活动现金流量构成图帮助大家理解其中各个项目（见图4-2）。

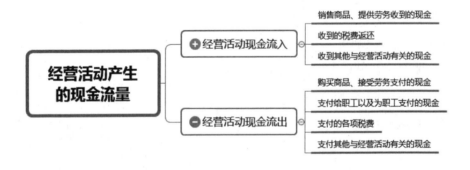

图4-2 经营活动现金流量构成图

1. 经营活动现金流入

（1）销售商品、提供劳务收到的现金：反映企业销售商品、提供劳务实际收到的现金(含销售收入和应向购买者收取的增值税额)，包括本期销售商品、提供劳务收到的现金,以及前期销售商品和提供劳务本期收到的现金和本期预收的账款,扣除本期销售本期退回的商品和前期销售本期退回的商品支付的现金。企业销售材料和代购代销业务收到的现金,也在本项目反映。

(2)收到的税费返还:在现金流量表中表现为两个项目,"收到的增值税销项税额和退回的增值税款"和"收到的除增值税外的其他税费返还"。

(3)收到其他与经营活动有关的现金:反映企业除上述各项目外,收到的其他与经营活动有关的现金。

经营活动现金流入这个项目其实很好理解,下面我们举例说明。

销售商品、提供劳务收到的现金:电饭锅制造企业以100元把电饭锅卖给隔壁老王——现金流入100元。

收到的税费返还:税务局退税1000元——现金流入1000元。

收到其他与经营活动有关的现金:房地产企业挞定20000元(挞定是购房者因违约而损失的定金)——现金流入20000元。

2. 经营活动现金流出

(1)购买商品、接受劳务支付的现金:反映公司购买商品、接受劳务实际支付的现金,包括本期购入商品、接受劳务支付的现金,以及本期支付前期购入商品、接受劳务的未付款项和本期预付款项、购买或接受小规模纳税人所销售商品或提供的劳务而支付的增值税。

(2)支付给职工以及为职工支付的现金:反映企业实际支付给职工的现金以及为职工支付的现金,包括本期实际支付给职工的工资、奖金、各种津贴和补贴等,以及为职工支付的其他费用。

(3)支付的各项税费:反映企业按规定支付的各种税费,包括企业本期发生并支付的税费,以及本期支付以前各期发生的税费和本期预交的税费,包括所得税、增值税、消费税、印花税、房产税、土地增值税、车船税、教育费附加等。

（4）支付其他与经营活动有关的现金：反映企业支付的除上述各项目外，与经营活动有关的其他现金流出，如捐赠现金支出、罚款支出、支付的差旅费、业务招待费现金支出、支付的保险费等，其他现金流出如价值较大，应单列项目反映。

下面我们举例说明。

购买商品、接受劳务支付的现金：购买原材料支付20000元——现金流出20000元。

支付给职工以及为职工支付的现金：本月付给职工30000元工资——现金流出30000元。

支付的各项税费：支付企业所得税100000元——现金流出100000元。

支付其他与经营活动有关的现金：接待客户用餐花费700元——现金流出700元。

4.2.2 投资活动产生的现金流量

投资活动产生的现金流量是指企业长期资产（通常指一年以上）的购建及其处置产生的现金流量，包括购建固定资产、长期投资现金流量和处置长期资产现金流量等，并按其性质分项列示。

投资可以分为内部投资与外部投资：内部投资是指企业将资金用于购置固定资产、研发产品等；外部投资则是指企业购买其他公司股权或者债券等。经营活动现金流量为负一般不是什么好事，但投资现金流量为负则未必是坏事。因为投资往往是形成未来收入的基石，别看当前现金流量为负，说不定以后会出现正现金流"瀑布"。

投资活动对企业未来的现金流具有重要意义，下面我们一起来直观地看一下投资活动现金流量构成图（见图4-3）。

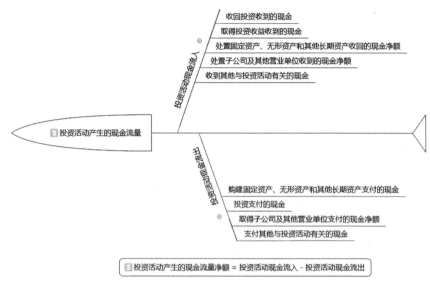

图 4-3　投资活动现金流量构成图

1. 投资活动现金流入

（1）收回投资收到的现金：反映企业出售、转让或到期收回除现金等价物以外的短期投资、长期股权投资而收到的现金，以及收回长期债权投资本金而收到的现金。不包括长期债权投资收回的利息，以及收回的非现金资产。

（2）取得投资收益收到的现金：反映企业因各种投资而分得的现金股利、利润、利息等。

（3）处置固定资产、无形资产和其他长期资产收回的现金净额：反映企业处置固定资产、无形资产和其他长期资产所取得的现金，扣除为处置这些资产而支付的有关费用后的净额。由于自然灾害所造成的固定资产等长期资产损失而收到的保险赔偿收入，也在本项目反映。

（4）处置子公司及其他营业单位收到的现金净额：反映企业处置子公司及其他营业单位所取得的现金减去子公司或其他营业单位持有的现金和现金等价物以及相关处置费用后的净额。

（5）收到其他与投资活动有关的现金：反映企业除了上述各项以外，

收到的其他与投资活动有关的现金流入。其他现金流入如价值较大，应单列项目反映。

下面我们举例说明。

收回投资收到的现金：企业出售万科股票收到 100 万元 —— 现金流入 100 万元。

取得投资收益收到的现金：企业收到债券投资利息 10 万元 —— 现金流入 10 万元。

处置固定资产、无形资产和其他长期资产收回的现金净额：企业出售一台设备得到 15 万元，交易费用 3 万元 —— 现金流入 12 万元。

处置子公司及其他营业单位收到的现金净额：出售子公司收到 100 万元，子公司有现金及银行存款 10 万元 —— 现金流入 90 万元。

收到其他与投资活动有关的现金：提前支取有固定期限的定期存款或者理财产品 100 万元 —— 现金流入 100 万元。

2. 投资活动现金流出

（1）购建固定资产、无形资产和其他长期资产支付的现金：反映企业购买、建造固定资产，取得无形资产和其他长期资产所支付的现金，不包括为购建固定资产而发生的借款利息资本化的部分，以及融资租入固定资产支付的租赁费，借款利息和融资租入固定资产支付的租赁费在筹资活动产生的现金流量中单独反映。企业以分期付款方式购建的固定资产，其首次付款支付的现金作为投资活动的现金流出，以后各期支付的现金作为筹资活动的现金流出。

（2）投资支付的现金：反映企业进行各种性质的投资所支付的现金，包括企业取得的除现金等价物以外的短期股票投资、长期股权投资、长期债券投资支付的现金，以及支付的佣金、手续费等附加费用。

（3）取得子公司及其他营业单位支付的现金净额：反映企业购买子公司及其他营业单位购买出价中以现金支付的部分，减去子公司及其他营业单位持有的现金和现金等价物后的净额。本项目可以根据"长期股权投资""库存现金""银行存款"等科目的记录分析填列。

（4）支付其他与投资活动有关的现金：反映企业除了上述各项以外，支付的其他与投资活动有关的现金流量。其他现金流出如价值较大，应单列项目反映。

下面我们举例说明。

购建固定资产、无形资产和其他长期资产支付的现金：企业购买设备支付 100 万元 —— 现金流出 100 万元。

投资支付的现金：企业购买万科股票支出 100 万元 —— 现金流出 100 万元。

取得子公司及其他营业单位支付的现金净额：支付 100 万元收购 A 公司使其成为全资子公司，A 公司有现金及银行存款 10 万元 —— 现金流出 90 万元。

支付其他与投资活动有关的现金：存入有期限且不可提前支取的 100 万元定期存款 —— 现金流出 100 万元。

4.2.3　筹资活动产生的现金流量

筹资活动产生的现金流量是指导致企业资本及债务的规模和构成发生变化的活动所产生的现金流量。筹资活动现金流量构成图如图 4-4 所示。

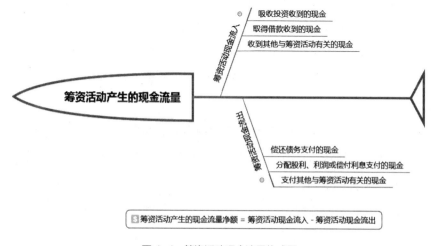

图 4-4　筹资活动现金流量构成图

1. 筹资活动现金流入

（1）吸收投资收到的现金：反映企业以发行股票等方式筹集资金实际收到的款项净额（发行收入减去支付的佣金等发行费用后的净额）。

（2）取得借款收到的现金：反映企业举借各种短期、长期借款而收到的现金，以及发行债券实际收到的款项净额（发行收入减去直接支付的佣金等发行费用后的净额）。

（3）收到其他与筹资活动有关的现金：反映企业除上述各项目外，收到的其他与筹资活动有关的现金。其他与筹资活动有关的现金，如果价值较大，应单列项目反映。

下面我们举例说明。

吸收投资收到的现金：A 公司投资 100 万元入股 —— 现金流入 100 万元。

取得借款收到的现金：企业向银行借款 50 万元 —— 现金流入 50 万元。

收到其他与筹资活动有关的现金：政府补助企业项目 15 万元 —— 现金流入 15 万元。

2. 筹资活动现金流出

（1）偿还债务支付的现金：反映企业以现金偿还债务的本金，包括归还金融企业的借款本金、偿付企业到期的债券本金等。

（2）分配股利、利润或偿付利息支付的现金：反映企业实际支付的现金股利、支付给其他投资单位的利润或用现金支付的借款利息、债券利息。

（3）支付其他与筹资活动有关的现金：反映企业除上述各项目外，支付的其他与筹资活动有关的现金，如以发行股票、债券等方式筹集资金而由企业直接支付的审计、咨询等费用，融资租赁各期支付的现金，以分期付款方式购建固定资产、无形资产等各期支付的现金等。其他与筹资活动有关的现金，如果价值较大，应单列项目反映。

下面我们举例说明。

偿还债务支付的现金：归还银行借款 50 万元——现金流出 50 万元。

分配股利、利润或偿付利息支付的现金：今年现金分红 100 万元——现金流出 100 万元。

支付其他与筹资活动有关的现金：回购公司股票 50 万元——现金流出 50 万元。

4.3 现金流量表的流入、流出比例及偿债能力分析

这一节，我们将通过对现金流量表各项目的现金流入、现金流出进行分析，进一步掌握现金流量表的特性及其细节。现金是企业的"血液"，"缺血"就会导致企业发展受到影响，甚至发生破产。而企业现金流量与企业偿债能力息息相关，我们必须了解两者之间的关系以及分析方法。

4.3.1 现金流量各项目结构分析

现金流量各项目结构分析一般包括收入结构分析、支出结构分析及其他分析，如图 4-5 所示。

收入是现金的来源，收入结构回答现金从哪来、怎么来、是多还是少、来路"正不正"

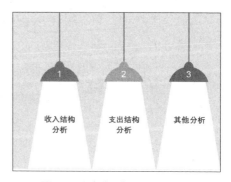

图 4-5 现金流量各项目结构分析

的问题，从而剖析企业未来将如何取得收入。支出结构是现金的流向，它类似企业平常记的现金流水账。通过分析支出结构，可以了解企业的现金哪些地方花得多、哪些地方花得少，从而剖析企业以后如何控制现金支出。

收入结构分析是关于现金流入的分析，通过现金流收入分析可以找到企业未来增长的着力点，同时考察企业收入的健康程度。

收入结构分析主要是从经营收入、投资收入以及筹资收入三方面进行。总的来说，经营活动说明现在的收入好坏，投资活动说明未来的收入好坏，筹资活动则需要具体问题具体分析。收入结构分析具体内容如图 4-6 所示。

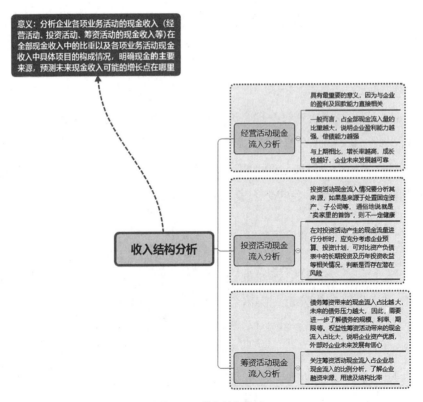

图 4-6 收入结构分析

下面我们进一步来认识并了解支出结构分析。

支出结构分析是关于现金流出的分析。通过对现金流支出进行分析可以发现企业的主要资金流向，从而考察企业的"花钱"水平。支出结构分析具体内容如图 4-7 所示。

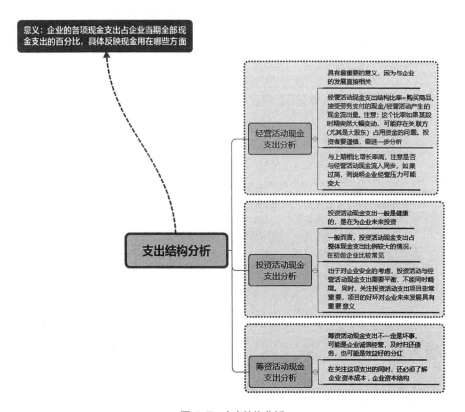

图 4-7　支出结构分析

收入结构与支出结构分析总的目的是探究现金的来与去，帮助企业未来在现金方面"开源节流"。

为了便于分类，根据经营活动、投资活动、筹资活动的现金流入、流出的不同类型，我们将企业的现金流量状况简化为以下 8 种（见表 4-2）。

表4-2 现金流量组合情况分析

组合类型	经营活动	投资活动	筹资活动	分析结论
第一种	+	+	+	经营业务现金流量表现良好，投资方面收益状况良好。这时融资说明企业处在发展期，如果没有新的投资机会，会造成资金浪费。如果投资成功，未来收益看好
第二种	+	+	-	经营和投资良性循环，并开始还负债，说明企业目前现金压力很小
第三种	+	-	+	经营状况良好，通过筹集资金进行投资，企业处于扩张时期。投资项目是把双刃剑，做得好，未来发展看好；做不好，未来的资金压力较大
第四种	+	-	-	经营状况良好，但企业一方面在偿还以前的债务，另一方面在继续投资，俗称"不差钱"
第五种	-	+	+	经营业务现金流不动，筹资压力大。财务状况可能正在恶化，需要认真分析研究投资活动现金流入是来自投资收益还是收回投资，如果是后者，说明企业正在"砸锅卖铁"，企业很危险
第六种	-	+	-	经营业务出现风险，需要认真分析研究投资活动现金净流入是来自投资收益还是收回投资。面对这种情况也需要考虑企业管理者是否在变相转移资产
第七种	-	-	+	一般发生在企业创业扩张时期，企业资金压力很大，投资项目多，需要筹资的款项也多。这时要重点看投资项目与管理团队的融资能力。企业创业失败的概率比较大
第八种	-	-	-	具体问题具体分析，看企业实力是否雄厚。重点分析投资项目未来的盈利能力。如果企业实力不雄厚，未来投资项目盈利能力堪忧，那么企业很危险

注："+"代表现金净流量为正数；"-"代表现金净流量为负数。

企业现金流量情况的变化实际上非常多，以上类型表仅供入门者学习参考。

在分析时，需要结合具体情况进行判断。

分析并思考现金流量表要从分析经营现金流说明了什么、投资现金流说明了什么、筹资现金流说明了什么开始，然后把对这些问题思考的结论归纳到一起进行对比分析，从而得到一个比较全面的判断。

通常来说，分析经营活动产生的现金流最重要的就是分析企业的经营效率如何、产品卖得好不好、收款快不快、上下游有没有议价能力、成本控制得怎么样等。分析投资活动产生的现金流更困难一些，需要了解企业的投资项目，还需要分析投资标的行业竞争力与未来发展，同时查看企业是不是存在变卖资产的现象，如果有就要警惕。分析筹资活动产生的现金流重点要关注的问题是企业受不受大家欢迎、财务成本控制能力如何、资本结构合不合理等。

4.3.2 现金比率

现金比率也被称为流动资产比率或现金资产比率，是衡量企业偿债能力与财务安全的一个重要指标。其公式如下。

$$现金比率 = 现金及现金等价物 / 流动负债$$

现金比率是指企业现金与流动负债的比率，可显示企业的即刻变现能力。这里所说的现金，是指现金及现金等价物。一般认为，现金比率在 1 以上才比较安全。

下面通过案例帮助大家进一步理解现金比率。

> **小王能否还钱?**
>
> 按照约定,小王明天需要偿还小明100元。目前小王有现金45元,现金等价物45元(支付宝账户25元,微信账户20元),现金及现金等价物总计90元。那么现金比率为:90/100=0.9。
>
> 直观地看,小王的现金比率不到1,因此不安全。从逻辑上看,小王的现金(45元)及现金等价物(支付宝账户25元、微信账户20元)总共只有90元,明天肯定还不起100元,除非他找爸妈要10元,或者把自己心爱的文具盒卖了凑钱。
>
> 现金比率为1的意义在于,现金及等价物能够完全覆盖流动负债。否则,就必须通过负债(找爸妈要钱)或者资产变现(卖文具盒)等方式才能偿还债务。

4.3.3 净现金比率

净现金比率是一个反映以本期经营活动净现金流量偿还债务能力的比率,它既可以衡量企业偿还短期债务的能力,也可以衡量企业偿还全部债务的能力。其计算公式如下。

短期经营活动净现金比率 = 经营活动净现金流量 / 流动负债

长期经营活动净现金比率 = 经营活动净现金流量 / 负债总额

短期计算公式可以衡量短期偿债能力,长期计算公式可以衡量长期偿债能力。

净现金比率是动态的,现金比率是静态的,由此不难看出,现金比率是更保守的一种分析指标,而净现金比率是更灵活的一种分析指标,短期经营活动净现金比率良好能保证近期还款无忧,长期还款是不是无忧则要看企业的经营能力。

4.3.4 现金再投资比率

现金再投资比率是指留存于单位的业务活动现金流量与再投资资产之比。其计算公式如下。

现金再投资比率 = 业务活动净现金流量 /（固定资产 + 长期投资 + 其他资产 + 运营资金）= 经营现金流量 / 资本性支出

公式中分母的各组成部分是某个特定时点的存量。其中，运营资金指的是流动资产减去流动负债之后的余额。

现金再投资比率越高，表明企业可用于再投资的现金越多，即企业再投资能力强；反之，则企业再投资能力弱。

一般而言，现金再投资比率达到 8%～10%，即被认为是一项理想的比率。

4.4 快速编制现金流量表的关键思路

现金流量表编制方法可分为直接法与间接法两种。直接法就是直接把权责发生制调整为收付实现制，间接法则是以利润表为起点，通过加减项目，将其一步步调整为现金流量表。

这里我们介绍直接法（七步编制法），如图 4-8 所示。

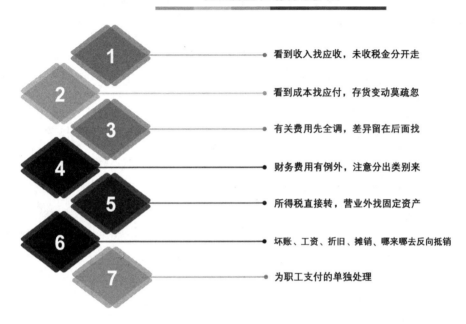

图 4-8 现金流量表编制七步法

按照以上原则,将经营活动现金流(流入、流出)、投资活动现金流(流入、流出)、筹资活动现金流(流入、流出),所涉及的会计科目加加减减,依次计算后,填列即可。

当然,这属于会计的工作,不属于阅读财报的内容,读者简单了解即可。

4.5 通过现金流掌握企业的财务状况

现金流就像血液,循环流淌于企业经营的每一个环节。

图4-9以深色格表示经营行为及其结果,以浅色格表示现金流动及其结果,以帮助读者理解现金在企业经营中的循环。

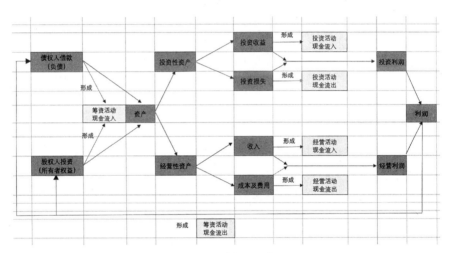

图4-9 现金循环示意图

企业通过筹资(负债或者接受投资,即筹资活动现金流入)为自身发展提供"初始燃料"。企业用初始现金购买资产(投资活动或者经营活动现金流出),资产通过投资回报(投资活动现金流入)或者经营回报(经营活动现金流入)给企业带来利润。

企业利用利润还贷(现金流回债权人)或者分红(现金流回股权人),形成了筹资活动现金流出,完成资金的一次循环(现金流循环),如图4-10所示。

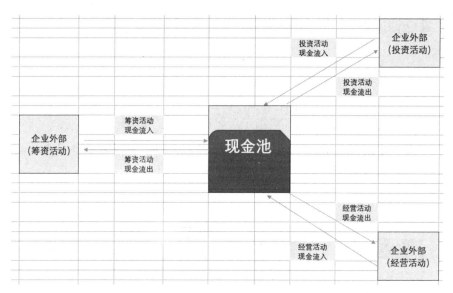

图 4-10 现金流循环

资金通过在不同环节的循环,与外部形成了资金往来关系。结合之前学习的内容,在图 4-10 中可以看到,"池水"是通过与外部发生资金关系慢慢形成的,池水要想涨得高,总的资金流入必须大于流出。

4.5.1 企业投资回报能力

经营活动现金流入是三种现金流入中最重要的一种,其强劲与否直接关系着企业的发展。

净资产现金回收率可衡量每单位资产能够收到的经营现金净流量的多少,衡量企业资产的吸金能力强不强。因此,这个指标自然是越高越好。公式如下。

$$净资产现金回收率 = 经营现金净流量 / 平均资产总额$$

4.5.2 企业日常营运效率

我们以人力资源效率、企业销售回款能力、采购议价能力这三个方面为例,说明如何利用现金类比率考察企业日常营运效率。

（1）衡量人力资源效率如何，工资与利润是否匹配。

职工开支现金比率 = 支付给职工以及为职工支付的现金 / 销售商品、提供劳务收回的现金

从现金层面来看，职工开支现金比率越低，人力资源效率越高。可通过这项比率，横向与同行业的企业对比，纵向与企业往年的比率对比，从而分析同行业的竞争企业、企业不同年份的人力资源效率。

（2）衡量企业销售回款能力如何、销售业绩的"真金白银"体现在哪里。

现金收入比率 = 销售商品、提供劳务收回的现金 / 本期营业收入

从现金层面来看，现金收入比率越高，销售回款能力越强。可通过这项比率，横向与同行业的企业对比，纵向与企业往年的比率对比，从而分析在同行业竞争的企业、企业不同年份的销售回款效率，衡量企业的销售回款能力。

（3）衡量采购议价能力如何，能否通过采购时合规的"商业欠款"为企业获得一笔"无息贷款"。

现金费用比率 = 购买商品、接受劳务支付的现金 / 本期采购成本

从现金层面来看，现金费用比率越低，采购议价能力越强。可通过这项比率，横向与同行业的企业对比，纵向与企业往年的比率进行对比，从而分析在同行业竞争的企业、企业不同年份的采购议价能力。

本章小结

1. 现金流：现金是企业的血液，现金流量表是企业的血液指标表。

2. 现金流量表的结构：经营活动现金流量（流入、流出）、投资活动现金流量（流入、流出）、筹资活动现金流量（流入、流出），其中经营活动现金流量是最重要、最值得关注的；三大类现金流量活动的项目构成。

3.现金流量表的分析：收入结构分析、支出结构分析、余额结构分析。企业现金流量状况类型分析。

4.比率分析：现金比率、经营活动净现金比率、现金再投资比率。

5.快速编制简要现金流量表的方法。

6.现金流量分析企业财务状况：现金流循环运行、现金流循环图示、企业投资回报能力、偿债能力、人力资源效率、销售回款效率、采购议价能力等。

书 单 推 荐

书名	作者
1.《朱镕基讲话实录》	《朱镕基讲话实录》编辑组
2.《巴菲特致股东的信：股份公司教程》	沃伦·巴菲特
3.《财务是个真实的谎言》	钟文庆
4.《债务危机》	瑞·达利欧
5.《创新的资本逻辑》	田轩

第五章

 财报中的其他内容

5.1 所有者权益变动表：谁动了我的奶酪

5.2 所有者权益变动表的结构和关键内容

5.3 财务报表附注：那些你要知道的小事

5.4 董事会报告：检查作业的时间到了

5.5 重大事项：不仅要说三遍，更要看三遍

5.6 股票选择权

5.7 从融资顺序看企业竞争力

5.8 首次公开募股

5.9 现金股利

5.1 所有者权益变动表：谁动了我的奶酪

所有者权益变动表又称股东权益变动表，是指反映所有者权益各组成部分当期的增减变动情况的报表。

这张表因为涉及股东权益的变化及其原因，对股东而言可以说是最重要的报表之一。通俗地说，就是作为企业的所有者，必须知道自己的企业在经营一年之后，究竟收获了什么、有没有新股东股权结构、有哪些变化、有没有分红，从而归结到最重要的一个问题上：我对这家企业的投资究竟是什么情况？

所有者权益变动表，从左往右是本年金额与去年金额，这是为了便于读者进行横向对比；从上往下是表内各项目的列举，这是为了便于大家一一查看。该表也包括表头、表体与签章三大部分，如表5-1所示。

5.2 所有者权益变动表的结构和关键内容

1. 所有者权益结构

所有者权益结构分为股东投资、留存收益及其他综合收益三类，体现了投入的、积累的与增值的权益。

投入是企业最初阶段的行为，投入之后企业才开始运营。

| 第五章 | 财报中的其他内容

表 5-1 所有者权益变动表

编制单位：　　　　　　　　　　　　　　　　　　　　　　　　　　　　　　单位：元

项目	本年金额						上年金额					
	实收资本（或股本）	资本公积	减：库存股	盈余公积	未分配利润	所有者权益合计	实收资本（或股本）	资本公积	减：库存股	盈余公积	未分配利润	所有者权益合计
一、上年年末余额												
加：会计政策变更												
前期差错更正												
二、本年年初余额												
三、本年增减变动金额（减少以"-"号填列）												
（一）综合收益总额												
（二）所有者投入和减少资本												
1. 股东投入的普通股												
2. 提取一般风险准备												
3. 对所有者（或股东）的分配												
4. 其他												
（四）所有者权益内部结转												
1. 资本公积转增资本（或股本）												
2. 盈余公积转增资本（或股本）												
3. 盈余公积弥补亏损												
4. 其他												
四、本年年末余额												

企业法人：〔盖章〕　　　主管会计工作负责人：〔盖章〕　　　会计机构负责人：〔盖章〕

表头：体现公司名称，所有者权益变动表金额单位等。

表体：这是所有者权益变动表中最重要的部分，由表内各项目组成。注意：这里还包含上期金额。

从各项目上年年末金额（项目期初余额）开始，根据业务逻辑，经过加加减后，以本年年末余额结束。

附注：对所有者权益变动表某项目的详细解释。标示项目的附注后，报表阅读者可根据附注序号到财务附注里查找。

签章：由相关人员签字盖章，体现公司法人与相关管理人员对这张利润表的认可，对表内数据的真实性、有效性负责。

· 119 ·

积累是企业中间阶段的行为，无论是盈余公积还是未分配利润，用不了多久就会被拿去投入经营中。

增值是企业最终阶段的行为，也是股东投资的最终目的。只有不断地增值，才能持续给股东带来回报，也才能使企业经营持续下去。所有者权益结构如图 5-1 所示。

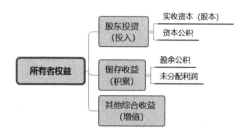

图 5-1 所有者权益结构

下面对所有者权益结构的三大类型进行详细介绍。

2. 所有者权益结构解析

（1）股东投资（投入）。这是企业最开始发展时得到的资源，即企业的"母乳"。同时，所有者对其也拥有一定的权力。企业的目的是营利，而营利最根本的目的则是回报股东投资。

（2）留存收益（积累）。企业对通过经营活动等积累起来的资源一般采取两种途径进行再分配：第一种是给股东现金分红（净利润在成为未分配利润之前），第二种是留在企业继续用于经营活动（包括弥补亏损）。

（3）其他综合收益（增值）。它是指企业根据其他会计准则规定未在当期损益中确认的各项利得和损失。举个例子：A 公司买了 100 万元股票，年底涨到了 150 万元，所涨的 50 万元就是其他综合收益。不能将其计入损益的原因是，它只是市场上的公允价值，并没有发生实际交易，根据谨慎性原则，不能计入损益。

所有者权益表中的项目相对简单，下面为大家做详细介绍。

5.2.1 纵向项目解析

1. 上年期末余额

上年期末余额是指上年实收资本（股本）、资本公积、盈余公积、未分配利润期末的账户余额。其数据与上年期末资产负债表、今年期初资产负债表相同项目金额一致。

值得注意的是，如果是在资产负债表中，去年年末的数据与今年年初的数据是一样的，因为去年年末就是今年年初。也就是说，2019 年 12 月 31 日 11 点 59 分 59 秒的财务数据与 2020 年 1 月 1 日 0 点 0 分 0 秒的财务数据是一样的。

2. 会计政策变更

会计政策变更是指企业对相同的交易或事项由原来采用的会计政策改为另一会计政策的行为。比较常见的会计政策变更有：企业对被投资单位的股权投资在成本法和权益法核算之间的变更、坏账损失的核算在直接转销法和备抵法之间的变更、外币折算在现行汇率法和时态法或其他方法之间的变更等。

会计政策变更会使财报数据受到影响，但是，会计政策一般不允许随意变更。

3. 前期差错更正

前期差错更正是指由于没有运用或错误运用下列两种信息而对前期财务报表造成省略或错报。

（1）编报前期财务报表时预期能够取得并加以考虑的可靠信息；

（2）前期财务报告批准报出时能够取得的可靠信息。

对于不重要的前期差错，可以采用未来适用法进行更正。前期差错的重要程度应根据差错的性质和金额进行具体判断。企业应当在重要的前期差错发现当期的财务报表中调整前期比较数据，比较重要的前期差错会使财报数据受到影响。

4. 本年期初余额

本年期初余额是指上年实收资本（股本）、资本公积、盈余公积、未分配利润期末的账户余额，根据"上年期末余额"，经过会计政策变更、前期差错更正之后得到的修正数据。

5. 综合收益总额与其他综合收益

综合收益总额反映的是企业净利润与其他综合收益的合计金额。

其他综合收益是企业根据其他会计准则规定未在当期损益中确认的各项利得和损失。最典型的例子就是可供出售金融资产的公允价值变动、减值及处置导致的其他资本公积的增加或减少，如股票的涨跌要计入其他综合收益。

6. 所有者投入和减少资本

顾名思义，所有者投入和减少资本反映的是企业当年所有者投入的资本和减少的资本。

5.2.2 横向项目解析

谈到股东权益（所有者权益），就不能不提股东回报。而衡量股东回报最重要的指标之一，就是净资产收益率。净资产收益率指的是股东冒着投资的种种风险，对企业进行投资后，从每一份投资中收获的回报率。

1. 净资产收益率是股东盈利的温度计

净资产收益率是股东盈利的温度计，其重要性可见一斑。

根据投资理论，投资股票就是投资股票所代表的企业的"权利份额"，净资产收益率就是衡量每一份投资的权利份额在一个会计期间内的回报最直接、最清晰的指标。

$$净资产收益率 = 净利润 / 净资产（所有者权益）$$

注意，公式中的"净资产"一般是指期初数，而不是指期初与期末数的平均（随着企业的不断发展，企业的资产一般都会增加，期末的资产往往比期初多）。道理很简单，期初的资产才是真正投入当期经营的，那么经过一段时间创造的利润也应该与期初资产配比。

净资产收益率有很强的行业性，不同行业的净资产收益率差别比较大；同时，部分行业有淡旺季，因此每个季度的净资产收益率普遍都不太相同。

一般情况下，净资产收益率越高越好。

谈到净资产收益率，就不得不谈复利——企业长时间持续高净资产收益率，会带来复利效应。

复利是指复合利息，即在下一个计息周期内，对以前各计息周期内产生的利息也计算利息的利上加利的计息方法。

2. 滚雪球、国际象棋与72法则

巴菲特曾说："人生如滚雪球，重要的是找到很湿的雪和很长的山坡。"

这句话体现了复利的作用。找到湿的雪，就可以不断沾到更多的雪；在很长的山坡上滑，才能有足够的时间和足够的动量来滚到更多的雪。如此一来，雪就会越滚越多。

这个比喻很贴切，雪指的是资金，而最初的小雪球就是初始资金。

具体地说，湿润的新沾上的雪就是资金滚一圈后从其前一轮资金复利效应赚到的新资金，而很长的山坡则是好的资产（比如优秀的被低估的企业）。随着动量越来越大，雪球滚得越来越快，同时滚一圈后，雪球体积增长率要高于接触面积增长率，越到后来越滚得一发不可收拾，即资金爆发增长。最后量变导致质变，原本并不引人注目的小雪球滚成了一个庞然大物。

巴菲特正是这个理论的严格执行者，他维持百分之二十多的年复利

增长率，经过五十多年的坚持，成了世界上最有钱的人之一。

从数据上看，巴菲特99%的资产是在其50岁之后获得的（从量变到质变）。

第二个关于复利的故事，与国际象棋有关。

相传古印度舍罕王的宰相西萨·班·达依尔发明了国际象棋，国王很高兴，想赏他礼物作为奖励，就问他要什么。

于是，数学很好的达依尔提出这样一个要求：请在这张棋盘的第一个小格里赏我1粒麦子，在第二格里赏2粒、第三小格里赏4粒，以后每一小格都比前一小格加一倍。当摆满棋盘的64个格子后，请把这些麦粒都赏给我。

舍罕王心想：我什么大风大浪没见过，这个要求也太简单了吧！于是，他立刻就同意了。

结果没多久，负责计数的大臣向舍罕王报告，整个印度乃至全世界的麦子都满足不了宰相的要求。就这样，舍罕王因为他在数学方面的短板吃了一次闷亏。

从1粒、2粒小小的麦粒开始，最后居然连全世界的麦子都满足不了，这就是复利的力量。

我们第三个要讲的内容，是72法则。

72法则是指按照复利来算，用72除以复利收益率的绝对数值，可以得到本金翻倍所需要的大致年限。根据72法则，如果年化复利收益率为$x\%$，那么翻倍需要的年份就是$72/x$。

例如，本金投入10000元，复利收益率为6%，大概在72 / 6 = 12（年）之后，本金就会翻倍变成20000元。

如果复利收益率为24%，那么大概在72 / 24 = 3（年）之后，本金就翻倍了。

由此可知，24%的复利收益率比6%的复利收益率翻一倍要快9年。

5.3 财务报表附注：那些你要知道的小事

财务报表附注是指对在资产负债表、利润表、现金流量表和所有者权益变动表等报表中列式项目库的文字描述或明细资料，以及对未能在这些报表中列式项目的说明等。

财务报表附注是对财务报表的补充说明，是财务会计报告体系的重要组成部分。其构成如图 5-2 所示。

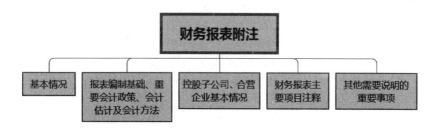

图 5-2　财务报表附注构成

财务报表附注中往往会藏有一些容易被人们忽略的重要细节。我国的投资者一般不重视财务报表的阅读，更不重视财务报表附注的阅读，这样会产生极大的"投资盲区"，对投资极为不利。

下面我们以蒙牛的"牛"为例，解释财务报表附注对全面了解企业的作用。

蒙牛的"牛"

2017 年蒙牛财报中资产负债表的"生物资产"科目期末为 6.46 亿元，标注了附注【24】，意思是财务报表附注 24 里有详细介绍。

经过查看财务报表附注（见图 5-3 和图 5-4），发现蒙牛有 33000 多头价值 6 亿多元的牛，粗略一算奶牛还真不便宜。于是我知道了蒙牛的奶牛的数量与单价，这样在下次阅读其他乳企财报的时候就会重点关注、对比一下附注中奶牛的数量、单价。如果企业奶牛数量多而且产地不错，就是一个潜在（财报三大表里体现不了）的竞争优势，如果某家企业奶牛单价过高，这家企业资产就虚高了，那么可能存在财务造假风险。

由于对附注中生物资产的详细情况进行了更深入的探究，我更加全面地了解了蒙牛的资产情况，甚至由这一个小点更了解了乳业行业的一些细节。

		Notes 附註	31 December 2017 二零一七年十二月三十一日 RMB'000 人民幣千元	31 December 2016 二零一六年十二月三十一日 RMB'000 人民幣千元
NON-CURRENT ASSETS	**非流動資產**			
Property, plant and equipment	物業、廠房及設備	15	12,715,454	12,698,374
Construction in progress	在建工程	16	1,363,399	1,271,844
Investment properties	投資物業	17	59,333	67,486
Land use rights	土地使用權	18	1,055,968	983,794
Goodwill	商譽	19	4,532,899	4,527,518
Other intangible assets	其他無形資產	20	2,193,901	2,086,247
Investments in associates	於聯營公司的投資	22	7,194,010	4,132,099
Deferred tax assets	遞延稅項資產	23	665,364	529,123
Biological assets	生物資產	24	646,143	479,386
Derivative financial instruments	衍生金融工具	34	54,602	—
Other financial assets	其他金融資產	25	1,585,183	2,495,681
Long term prepayments	長期預付款	28	54,769	15,566
Total non-current assets	總非流動資產		32,121,025	29,287,118
CURRENT ASSETS	**流動資產**			
Other financial assets	其他金融資產	25	10,690,539	4,195,737
Derivative financial instruments	衍生金融工具	34	5,584	36,501
Inventories	存貨	26	3,510,268	3,314,282
Trade and bills receivables	應收賬款及票據	27	2,646,834	2,340,099
Prepayments, deposits and other receivables	預付款項、按金及其他應收款項	28	2,541,423	2,704,611
Pledged deposits	保證金存款	29	466,265	960,863
Cash and bank balances	現金及銀行結存	29	5,958,877	6,070,078
			25,819,790	19,622,171
Assets of a disposal group classified as held for sale	分類為持有待售的處置組內資產	12	197,916	215,138
Total current assets	總流動資產		26,017,706	19,837,309

图 5-3　生物资产情况

NOTES TO FINANCIAL STATEMENTS 財務報表附註

24. BIOLOGICAL ASSETS

(A) Nature of activities

Certain subsidiaries of the Company are milk production companies that principally engaged in the production and sale of milk. Dairy cows are primarily held to produce milk. The quantity of dairy cows owned by the Group and the output of milk at the end of the reporting period and during the year are shown below.

24. 生物資產

(A) 業務性質

本公司若干子公司為牛奶生產企業，主要從事牛奶產銷。乳牛主要乃持有作產奶之用。本集團於報告期末及年內擁有的乳牛數量及產奶量如下。

		2017 二零一七年 Head of dairy cows 乳牛(頭)	2016 二零一六年 Head of dairy cows 乳牛(頭)
Milkable cows	奶牛	14,307	10,172
Heifers and calves	小母牛及小牛	18,935	14,602
Total dairy cows	乳牛總數	33,242	24,774

Milkable cows are those dairy cows that are held for milk production. Heifers and calves are those dairy cows that have not reached the age that can produce milk.

奶牛為持作產奶用途的乳牛。小母牛及小牛為尚未到產奶年齡的乳牛。

In general, the heifers are inseminated with semen when the heifers reached approximately 14 months of age. After approximately a nine month pregnancy term, a calf is born and the dairy cow begins to produce raw milk and the lactation period begins. A milkable cow is typically milked for approximately 305 days before a dry period of approximately 60 days.

一般情況下，小母牛於長至約14個月大時配種。約九個月孕期過後，小牛出生，乳牛開始出產原奶，哺乳期開始。奶牛通常會擠奶約305天，之後進入約60天乾乳期。

When a heifer begins to produce milk, it would be transferred to the category of milkable cows based on the estimated fair value on the date of transfer. The sale of dairy cows is not one of the Group's principal activities and is not included as revenue. The sales of dairy cows are determined based on the actual selling prices.

小母牛開始產奶時，將按轉撥日期的估計公允值轉撥至奶牛類別。乳牛銷售並非本集團的主要業務之一，亦不計入收入。乳牛銷售乃根據實際售價而定。

图 5-4　生物资产明细

5.4 董事会报告：检查作业的时间到了

董事会报告是指企业管理层就经营期内的情况向投资者作出的汇报与说明。其重要内容可分为以下两部分。

（1）利润分配方案；

（2）董事会关于企业报告期内经营管理情况的说明。

投资者可以通过董事会报告了解企业管理方面的情况，以及发展的战略思路。董事会报告通常还会就报告期内出现的财务数据的异常变动进行解释。投资者必须了解清楚这一点，毕竟分红方案是与自身利益息息相关的。

5.5 重大事项：不仅要说三遍，更要看三遍

重大事项是指对企业经营发展产生重大影响的事项，具体包括以下四种类型。

（1）能引发特别风险的事项；

（2）实施审计程序的结果，该结果表明财务信息可能存在重大错报，或需要修正以前对重大错报风险的评估和针对这些风险拟采取的应对措施；

（3）导致注册会计师难以实施必要审计程序的事项；

（4）导致出具非标准审计报告的事项。

所谓"重大"，即关键少数。二八定律[①]就是关注"关键少数"的定律。

---

① 二八定律，又名"80/20 定律"，系 19 世纪末 20 世纪初意大利经济学家帕累托提出。二八定律认为，在任何一组东西中，最重要的只占其中一小部分，约 20%，其余 80% 尽管是多数，却是次要的。

5.6 股票选择权

股票选择权制度又称股票期权制（Executive Stock Options，ESO），是指企业向主要经营者提供的一种在一定期限内按照某一既定价格购买的一定数量本公司股份的权利。

一般认为股票选择权制度是企业所有者（股东）向经营者（管理者或者业绩骨干）提供激励的一种报酬制度。具体来说，就是经公司股东大会同意，将预留或库存在公司中的已发行却未公开上市的普通股股票（部分公司采取市场回购的方式买进公司股票）的认股权赠予对公司有突出贡献的经营者，借以最大限度地调动他们的生产经营积极性和创新精神的一种激励制度（从某种程度上说，这种制度把他们的利益与公司的利益捆绑到一起，形成了合力）。

股票选择权制度规定，上述人员可以在规定的时期按预先确定的价格购买本企业的股票。上述人员购买股票时的购买价格与实施购买时股票的市价之间的差距，形成购买者即期权所有者的期权收入（有收入但不会有亏损，因为如果约定价格比市场价格还高，你可以选择不买）。客观地说，期权收入就是认股权的价值。

在股权激励方面，华为是做得最好的企业之一。

1987年，任正非与五位合伙人共同投资成立了深圳市华为技术有限公司（如今华为的前身），注册资本为2万元，六位股东平分股份。

从1990年开始，华为便率先引入被称为"员工持股计划"的激励制度，发行每股1元的股票期权。华为的员工收入高，主要是因为其收入来源除工资、奖金以外，还有股票分红。于是很多企业老板想要学华为的狼性，鼓励员工疯狂加班，但就是钱给得不到位。而华为不一样，工作做好了，钱一定给足，还有股份。员工有了股份，成了自己的企业股东，能不拼尽全力努力工作吗？当然，毕竟行使股票期权也要花钱，手上没现金才要更努力加班拿奖金，这样就形成了良性循环。

至于效果，我们看看华为现在的地位就知道了。

5.7 从融资顺序看企业竞争力

资金是企业的"血液"，而融资就是为了企业的生存与发展，通过一系列方法给企业"输血"的手段。

融资方式

融资方式是指企业获得资金的形式与途径。

融资方式有哪些？分别有什么特点？融资方式的结构如图 5-5 所示。

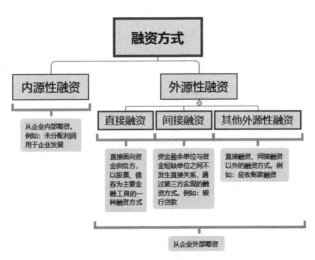

图 5-5 融资方式的结构

内源性融资很好理解，就是自己靠自己，将赚取的或者节约的钱继续用于企业经营。外源性融资中的直接融资，就是企业直接面向资金供给者发行股票、债券，自己负责筹钱，即资金供给者跟企业是直接发生资金关系的。间接融资不一样，最典型的就是银行借款。储户把钱存在银行，银行又贷款给企业，企业并没有直接和储户发生资金往来，而是企业与银行、银行与储户之间存在资金关系。

了解了企业的融资方式，我们再来了解企业的融资顺序。企业的融资顺序就是指企业融资方式的优先使用顺序。我国的企业与国外的企业，如美国的企业，融资顺序大有不同。

我国企业的融资顺序

美国企业首选的融资方式一般是内源性融资，遵循"啄食顺序理论"（the Peking Order Theory）啄食顺序理论认为存在一个可以使公司价值最大化的最优资本结构，即内源性融资→债券融资→股权融资。通俗地说，就是先用自己的钱，然后才是借钱，借完钱后才卖股权。

日韩企业不同于美国企业，一般会优先使用银行贷款（外源性融资）。

我国企业的特点是：留存收益（竞争环境激烈，高利润行业并不多）不多，很多企业通过内源性融资融不到多少钱，有上市资质的企业股权融资比例较大，没有上市的中小微企业则普遍依赖一些金融机构进行间接融资。但无论是大企业还是小企业，债券融资比率都不高。

从融资顺序来看，首选内源性融资的企业一般资金实力都比较雄厚。如果管理得当，能用好财务杠杆，企业就应该多尝试使用债券融资。而股权融资如果做得好，除能够带来丰厚的资金支持外，还能带来战略性投资者，这对企业的发展有很大帮助。这相当于刘备请到了诸葛亮，周文王等来了姜太公，即有贵人相助。相反，股权融资如果没做好，就稀释了股权，若新股东也不是很给力，则会对企业未来发展有较大的不利影响。总之，股权融资是把"双刃剑"。最常见的间接融资为银行借款，其利率是财务状况很重要的指标，利率过高则说明企业可能要面临风险。

5.8 首次公开募股

首次公开募股（Initial Public Offerings，IPO）是指某企业或公司（股份有限公司）第一次将向公众出售其股票（首次公开发行，是股份有限公司首次向社会公众公开招股的发行方式），也就是俗称的"上市"。

IPO抑价是指首次公开发行股票定价明显低于上市初始的市场价格。也就是说，股票在一级市场发行是一个价格，刚到二级市场交易就涨价。这也导致大量股民喜欢"打新"，因为他们知道股票肯定会涨，就相当于无风险套利。之所以会这样，是因为良好投资股票标的稀缺、一二级市场割裂以及中国股市投机情况严重。但目前来看，导致IPO抑价的情况已经在慢慢好转。

5.9 现金股利

现金股利是指以现金形式分配给股东的股利。

股利理论是指关于现金股利该不该分、如何分的理论。

股利政策是指公司股东大会或董事会对一切与股利有关的事项所采取的较具原则性的做法，是关于公司是否发放股利、发放多少股利以及何时发放股利等方面的方针和策略。

股利理论和股利政策两者的区别在于，股利理论更偏重于理论指导，股利政策更偏重于公司发放股利的具体安排。简单地说，股利理论讨论的是该不该分现金股利，股利政策讨论的是怎么分现金股利。

在巴菲特看来，最好永远都不要发放现金股利。因为股利要收税，而且一旦将股利从企业拿出来，后续的资本增值就没了。

下面我们通过股利理论和股利政策的结构图（见图5-6和图5-7）来区别两者的不同。

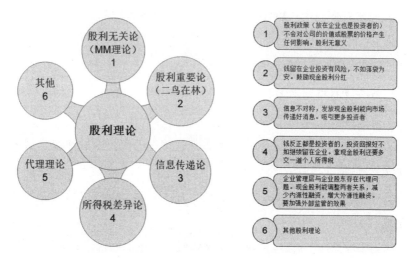

图 5-6　股利理论

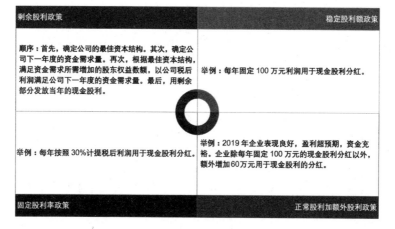

图 5-7　股利政策

（1）剩余股利政策是指以首先满足公司资金需求为出发点的股利政策。

（2）稳定股利额政策是指以确定的现金股利分配额作为利润分配的首要目标，优先予以考虑。

（3）固定股利率政策是指按固定的比例从税后利润中支付现金股利。

（4）正常股利加额外股利政策是指企业除每年按固定股利额向股东发放被称为正常股利的现金股利外，还在企业获利超预期、资金充裕的年度向股东发放高于一般年度的正常股利额的现金股利。

本章小结

1. 所有者权益变动表、表内各科目以及净资产收益率。

2. 财务报表附注的重要性：能帮助投资者全面了解公司。

3. 董事会报告的重要内容：经营管理情况、利润分配方案，以及重大事项的内容。

4. 股票选择权与未来发展、股东与员工利益共同点，以及华为的员工持股计划。

5. 融资方式：内源性融资、外源性融资（直接融资与间接融资），融资顺序（融资顺序不同的案例，如啄食顺序理论、我国企业融资顺序等）。

6. 首次公开募股的概念，"打新"、抑价发行存在的原因，现金股利理论（MM 理论等）、股利政策及两者的区别。

书 单 推 荐

书名	作者
1.《像大师一样投资》	［美］田测产
2.《华为启示录：从追赶到领先》	董小英，晏梦灵，胡燕妮
3.《经济法》	财政部会计资格评价中心
4.《梦想与浮沉》	王骥跃，班妮

第六章

一看就懂的财务指标

6.1 常用财务指标

6.2 证券分析指标

6.3 常用估值模型

指标是用来衡量事物情况的标准、指数、规格。财务指标是用来衡量企业财务状况的指标。指标的优点是简洁、直观，可比较。由于指标的这些优点，企业常常采用指标的形式进行财务考察与财务考核。例如，考察和考核某对象的绝对指标、相对指标、进度百分比指标等。

财务指标并不难，且可以拿来就用。但为了更深入地了解这些指标并做到融会贯通，就必须在学习的时候掌握设立该财务指标的意义。例如，为什么速动比率为1是安全性的分水岭？

相信经过学习，这些问题一定会逐渐得到解答。

6.1 常用财务指标

常用财务指标大致分为三类：偿债能力指标、营运能力指标以及盈利能力指标。先看企业安全性，即保证企业活下来；再看企业经营，即效率高与低；最后看经营成果，即盈利好不好。

6.1.1 偿债能力指标

偿债能力主要考察企业偿债能力的高低，而偿债能力的高低与企业安全息息相关。许多早期的优秀企业，都是投资规模过大导致资金链断裂，无法偿还到期债务而最终破产。每每读到这样的案例，都让人为之叹息。

1. 短期偿债能力

短期偿债能力是指及时偿还短期债务的能力，比如"流动负债"就是通常意义上所说的短期债务。

$$流动比率 = 流动资产 / 流动负债$$

一般认为，流动比率大于 2 比较安全。该比率体现的是短期偿债能力，比率越大，能力越强。

$$速动比率 = 速动资产 / 流动负债$$

$$速动资产 = 流动资产 - 存货$$

该公式是上式的变形，因为存货的流动性在流动资产中相对较差，剔除存货后的流动资产被称作速动资产。一般认为，速动比率大于 1 是比较安全的。因为此时可快速变现的资产能够完全覆盖近期需要偿还的流动负债。同样的，该比率越高，偿债能力越强。

$$现金流量比率 = 经营活动现金流量 / 流动负债$$

$$到期债务本息偿付比率 = 经营活动现金流量 / (本期到期债务本金 + 现金利息支出)$$

该比率越高，偿债能力越强。

2. 长期偿债能力

长期偿债能力是指偿还长期债务的能力，比如"非流动负债"就是通常意义上所说的长期债务。

$$资产负债率 = 负债 / 资产$$

这是一项非常重要的指标，体现的是企业的负债与所有者权益比例的资本结构情况。从微观上看，它用于衡量每一份资产所负担的债务或者说负债占资产的比重。该比率越大，债务压力越大。

对于商业银行而言，有表内业务和表外业务之分。表外业务指商业银行所从事的，按照通行的会计准则不列入资产负债表内、不影响其资产负债总额，但能影响银行当期损益、改变银行资产报酬率的经营活动。因此，表外业务不会影响银行的资产负债率。

股东权益比率 = 股东权益总额 / 资产总额

该比率与资产负债率相加等于1，因此与资产负债率的高低增减表示的意义正好相反。

有形净值债务率 = 负债总额 /（股东权益－无形资产净额）

该比率越高，债务负担越大，负债风险越大。

这项指标不太适合医药行业，医药行业的无形资产非常重要，仅仅用有形资产来衡量负债是不公允的。

偿债保障比率 = 负债总额 / 经营活动现金净流量

该比率越高，债务偿付压力越大，负债风险越大。

利息保障倍数 =（税前利润 + 利息费用）/ 利息费用

这项指标反映的是企业经营收益为所需支付的债务利息的多少倍。该比率越高，偿债能力越强。

财务杠杆系数 = 普通股每股收益变动率 / 息税前利润变动率

$$DFL = (\Delta EPS / EPS) / (\Delta EBIT / EBIT)$$

公式中，DFL 为财务杠杆系数；ΔEPS 为普通股每股利润变动额；EPS 为普通股变动前的每股利润；$\Delta EBIT$ 为息税前利润变动额；EBIT 为变动前的息税前利润（扣除利息、所得税前的利润）。

财务风险是指企业因使用负债资金而产生的在未来收益不确定情况下由股权资本承担的附加风险。通俗地说，就是按照某个特定利率借钱运营公司，但公司最终的利润率可能高于该利率，也可能低于该利率，从而导致股东可能遭遇损失的风险。

对比利润率与负债利率可知，利润率高，说明有效利用了财务杠杆，撬起了利润，这种情况被称作财务杠杆正效应；负债利率高，说明公司赚的钱还不够付负债利息，有的公司甚至因为负债而导致资金链断裂，最终破产，这种情况被称作财务杠杆负效应。

这种不确定性就是企业运用负债（财务杠杆）所承担的财务风险。

在一般情况下（企业息后利润大于零，资本规模、结构保持稳定），每单位息税前利润变动对普通股每股收益的影响是，比率越高，变动影响越大，财务风险越大。

6.1.2 营运能力指标

营运能力指标主要考察的是企业运用资源的效率。运用得越好，企业对资源的使用率就越高，效率也越高。

$$存货周转率（次数）= 销售成本 / 平均存货余额$$

平均存货余额（期初存货加期末存货后除以2）是库存的平均余额。该比率越高，存货周转越快，存货变现能力越快，企业营运能力越强。销售成本是当年卖的货物总额，平均存货余额是摊平得到的平均每次库存存货额，两者相除正好是存货周转的次数。

一般来说，这项指标在零售行业比较高，而在房地产行业相对较低。道理很简单，一个城市能长时间持续每天卖出 100 万瓶矿泉水，而不可能能持续长时间每天卖出 100 万套房，很明显，后者比前者困难多了。

$$应收账款周转率 = 赊销收入净额 / 平均应收账款余额$$

该比率越高，资金周转越快，应收账款的管理能力越强，越不容易形成坏账。

$$总资产周转率 = 销售收入 / 平均资产总额$$

该比率越高，企业资源运用效率越高，营运能力越强。

6.1.3 盈利能力指标

盈利能力指标考察的是企业获利的能力。

$$营业利润率 = 营业利润 / 营业收入$$

该比率越高，从理论上讲企业盈利能力越强（但不能在不同行业之间粗略地比较该指标）。

毛利率 =（主营业务收入 - 主营业务成本）/ 主营业务收入

一般来说，该比率体现的是企业盈利能力，因此越高越好。

净利率 = 净利润 / 营业收入

一般来说，该比率体现的是企业盈利能力，因此越高越好。

资产报酬率 =（利润总额 + 利息支出 + 所得税）/ 资产总额

一般来说，该比率体现的是企业盈利能力，因此越高越好。

净资产收益率 = 净利润 / 净资产（所有者权益）

净资产收益率体现的是扣掉付给其他各方的利益之后，剩下的应归股东享受的每一个资产单位的利益。通俗地说，就是企业留给股东的利益。该比率越高，对股东而言企业的盈利能力越强。

总资产收益率 = 净利润 / 总资产

该比率考察的是企业为每一单位的资产份额创造了多少利润，是一项重要的利润指标。

刘姝威老师曾经靠简单的财务指标，找出了蓝田股份这一颗股市的巨雷。下面是摘录的一小部分。

案例

刘姝威《蓝田之谜》（摘要）

我运用国际通用的分析方法，分析了蓝田股份从招股说明书到2001年中期的全部财务报告以及其他公开资料。根据对蓝田股份会计报表的研究推理，我写了一篇600多字的研究推理短文《应立即停止对蓝田股份发放贷款》发给《金融内参》。

现在，我公开发表蓝田股份会计报表的研究推理摘要。我将非

> 常感谢大家评论我的研究推理。
>
> 我研究推理《应立即停止对蓝田股份发放贷款》的依据：
>
> 在对借款企业发放贷款前和发放贷款后，银行必须分析借款企业的财务报表。如果财报分析结果显示企业的风险度超过银行的风险承受能力，那么银行可以立即停止向企业发放贷款。
>
> 蓝田股份的偿债能力分析：2000年蓝田股份的流动比率是0.77。这说明蓝田股份短期可转换成现金的流动资产不足以偿还到期流动负债，偿还短期债务能力弱……

以上是刘姝威老师当年分析蓝田股份文章的一小部分，逻辑非常清楚，而这段分析用的指标也很简单——流动比率。刘老师凭借《应立即停止对蓝田股份发放贷款》这篇600字的文章，把存在财务造假的蓝田股份挑落马下。

财报分析并不神秘，刘老师当年就是靠公开财报信息制止了一个造假事件。财报分析并不难，希望读者们有一天能掌握财报的奥秘。

6.2 证券分析指标

证券分析指标种类很多且层出不穷。许多投资者相信，证券市场中存在着"圣杯"，而"圣杯"就藏匿于这些纷繁复杂的指标中。但归根结底，证券分析指标只是众多投资工具中的一种，适当了解即可。其中，K线指标、移动平均线是最经典的两个指标。

6.2.1 K线指标

K线指标又称K线图、蜡烛图，起源于日本幕府时代的米市交易。K线图的构成与结构如图6-1所示。

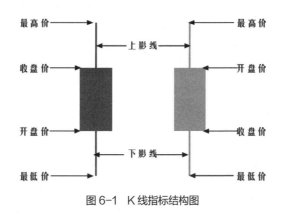

图6-1 K线指标结构图

当股票收盘价高于开盘价时，则K线为阳线。当股票收盘价低于开盘价时，则K线为阴线。根据参考的时间周期不同，可以分为日K线、周K线、月K线等。K线图体现的是一定时期内看涨方与看空方的力量强弱对比。

看涨方（又称多头）：投资者对股市看好，预计股价将会看涨，于是趁低价时买进股票，待股票上涨至某一价位时再卖出，以获取差额收益。

看跌方（又称空头）：投资者认为股票价位已高，前景看跌，于是先行卖出，等跌到某种程度时再行买回，以赚取其中的差价。

6.2.2 大阳线与大阴线

大阳线意味着开盘价就是最低价，收盘价就是最高价。所以，开盘到收盘这段时间，股价持续大涨，这表明多头力量强劲。

一般而言，股价低位出现大阳线，意味着涨期到来，是可以购买的信号。而高位出现大阳线，则要防止"疯狂后的风暴"，是需要谨慎观望的信号。

大阴线意味着开盘价就是最高价,收盘价就是最低价。所以,开盘到收盘这段时间,股价持续大跌,这表明空头力量强劲。

一般而言,股价高位出现大阴线,意味着跌期到来,是可以出售的信号。而低位出现大阴线,则可持币观望,是后期可能出现反弹的信号。

在 A 股中,大阳线是红色,大阴线是绿色,而美股刚好相反。大阳线与大阴线如图 6-2 和图 6-3 所示。

图 6-2　大阳线　　　　　　　图 6-3　大阴线

6.2.3　十字线

开盘价与收盘价相近或相同,表示多空双方激烈搏杀,力量均衡。

十字线代表的是反转的信号,在连续大量上涨后出现,预示见顶;在连续大量下跌后出现,预示反弹。十字线如图 6-4 所示。

图 6-4　十字线

K 线的形态还有许多种,因篇幅所限,此处不一一赘述。

6.2.4　移动平均线

移动平均线(Moving Average,MA)是指将一定时间内的证券价格

（指数）加以平均，并把不同时间的平均值连接起来形成的一条线。它由美国投资家 Joseph E. Granville 于 20 世纪中期提出，目前是最受欢迎的市场分析指标之一。

根据选取的时间期不同，移动平均线通常分为 3 日均线、5 日均线、10 日均线、30 日均线等。N 日均线（N 代指任意正整数）某一交易日的 MA 值是：N 日（含当日）交易收盘价之和 $/N$。将每一个交易日的 MA 值连起来，就是 N 日均线。

Joseph E. Granville 给出了经典的八大判断。

1. 买入信号

（1）移动平均线从下降转为上升，股价从移动平均线下方突破移动平均线。

（2）移动平均线保持上升趋势，股价先跌落移动平均线下方，后又冲上移动平均线。

（3）股价始终在移动平均线上方，短时间下跌，但仍在移动平均线上方。

（4）股价暴跌，位于移动平均线下方较远处。

2. 卖出信号

（1）移动平均线从上升转为下降，股价从移动平均线上方下跌，突破移动平均线。

（2）移动平均线保持下降趋势，股价先冲上移动平均线后，移动平均线继续下降。

（3）股价始终在移动平均线下方，短时间上升，但仍在移动平均线下方。

（4）股价暴涨，位于移动平均线上方，后不断远离移动平均线。

"技术指标"门类非常多，这里仅列举了两个最常用的指标，以供读者入门学习。

最后需要强调的是,"技术指标"仅供参考,不能用来做投资决定。因为"技术指标"是股票的表现,不是股票的"本质",而且庄家往往会躲在背后构建一些散户喜欢的图形或者指标形态,所以千万要注意。

6.3 常用估值模型

查理·芒格是伯克希尔·哈撒韦公司的副主席,也是其创始人巴菲特的挚友兼合伙人。伯克希尔公司的投资之路充满了辉煌,而查理·芒格是这条辉煌之路上巴菲特"背后的男人"。

他本人非常低调,也讨厌曝光。为了不登上《福布斯》财富排行榜,多年来他严格控制自己的财富,以防一不小心上了排行榜而要接受过多采访。

他认为每个人都要发展多元思维模型,这样才能给生活与事业带来巨大的收益。所谓"多元思维模型",就是大量不同学科的各类思维模型。他说:"你必须知道重要学科的重要理论,并经常使用 —— 要全部都用上,不是只用几种。大多数人都只使用受过专业训练的某一个学科,比如说经济学的思维模型,试图用一种方法来解决所有问题。你知道谚语是怎么说的,'在手里拿着铁锤的人眼中,世界就像一个钉子'。这是处理问题的笨方法。"

其实查理·芒格想说的是,如果一个工匠只会用锤头,那么他就只能机械地靠着本能的"锤击"来完成所有任务,即只能选择对待"钉子"的方式来解决问题,因为别无他法。

发展多元思维模型有利于抓住重点，简化问题。掌握不同学科的模型能扩大一个人的视野，丰富其"思维工具库"，提高其解决问题的能力。

> **知识链接**
>
> **模型思维**
>
> 关于多元思维模型，b站（bilibili网站）上有一门密歇根大学的《模型思维》课程可供学习。搜索引擎DuckDuckGo创始人Gabriel Weinberg也在他的文章中整理分享了100多个思维模型。
>
> 在各种模型中，财务模型是与工作结合得最紧密的模型之一。而在众多财务模型之中，投资者最关切的关于资产价格的问题，绕不开"估值模型"这个重大的财务模型门类。

6.3.1 资本资产定价模型

资本资产定价模型是由美国学者夏普（William Sharpe）、林特尔（John Lintner）、特里诺（Jack Treynor）和莫辛（Jan Mossin）等人于1964年在资产组合理论和资本市场理论的基础上发展起来的，主要研究证券市场中资产的预期收益率与风险之间的关系，以及均衡价格是如何形成的。

资本资产定价模型是现代金融市场价格理论的支柱，被广泛应用于投资决策和公司理财领域。

资本资产定价模型有许多前提要求与假设（假设很枯燥，也很长，但很重要，有兴趣的读者可认真研究），其适用范围是金融资产。我们这里仅对模型做简单介绍，大家只需了解它核心的思想方法与原则即可。

资本资产定价模型如下：

$$E(R_i) = R_f + \beta \times [E(R_m) - R_f]$$

公式解析如下。

i 是资产；

E（Ri）是资产 i 的预期收益率；

Rf 是无风险收益率；

β 是 Beta 系数（贝塔系数），即资产 i 的系统性风险；

E（Rm) 是市场 m 的预期收益率；

E（Rm）-Rf 是市场风险溢价（Market Risk Pemium），即预期收益率与无风险收益率之差。

有些读者可能觉得这个公式比较复杂，下面简单解释一下（见图 6-5）。

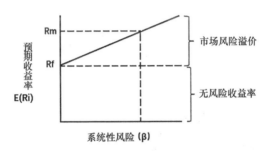

图 6-5 资本资产定价模型图示

上述公式可做如下简化。

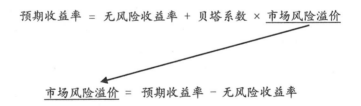

根据公式，金融资产的预期收益率由两部分组成：第一部分是无风险收益率，第二部分是市场风险溢价（根据风险与收益配比的原则，冒风险获得的收益）。

第一部分无风险收益率跟市场 m 的波动无关。比如你买国债，风险几乎为 0，如果国债利率是 10%，那么你的无风险收益率就是 10%。

第二部分的市场风险溢价与贝塔系数和市场 m 的系统性风险有关。假如市场 m 是股票市场，无风险收益率为 10%，那么当 m 市场预期收益率为 12% 时，这个市场就获得了比无风险收益率多 2% 的收益率。但这个 2% 是市场的，并不代表你自己股票的盈利水平，贝塔系数是你的股票和市场的相关性系数：

如果 β 为 1，市场上涨 12%，风险溢价 = 1×（12%-10%）=2%，预期收益率 = 无风险收益率 + 市场风险溢价 =10% + 2%=12%，与预期收益率一模一样；市场下滑 12%，市场风险溢价 =1×（-12%-10%）= -22%，预期收益率 =10%-22%=-12%，与预期收益率一模一样。

如果 β 为 1.1，市场上涨 12%，市场风险溢价为 1.1×（12%-10%）=2.2%，预期收益率为 10%+2.2%=12.2%，就与市场的 12% 上涨不同步。

如果 β 为 0.9，市场上涨 12%，市场风险溢价为 0.9×（12%-10%）=1.8%，预期收益率为 11.8%，也不等于市场上涨的 12%。

从这里可以推导出普遍的结论，代入上述公式：

预期收益率 = 无风险收益率 + 贝塔系数 ×（预期回报率 − 无风险收益率）

= 无风险收益率 + 市场风险溢价

若贝塔系数为 1，那么：

预期收益率 = 无风险收益率 +1×（预期收益率 − 无风险收益率）

= ~~无风险收益率~~ + 市场预期收益率 − ~~无风险收益率~~

= 预期收益率

所以从公式看出，当 β 为 1 时，资产的预期收益率与无风险收益率无关，只与预期收益率有关。

总而言之，β 是通过观察并回归资产相对于市场的历史收益数据得来的。当 β 小于 1 时，说明从历史来看，该资产收益的波动率小于市场整体的波动率；当 β 大于 1 时，说明其收益的波动率要大于市场整体的波动率。

β 并不是越大越好，它一方面代表了与市场相关联的程度，另一方面代表了系统性风险程度，因此是一把"双刃剑"。

这个公式的难点就在于：如何确定 β 的值。有兴趣的读者可以试着思考一下。

6.3.2 现金流折现模型

$$价值 = \sum_{t=1}^{n} \frac{现金流量_t}{(1+资本成本)^t}$$

这个公式要考虑时间价值与折现（现值在第一章有介绍），它表达的含义是，投资者购买公司的股票是期待公司的价值上升，而价值上升的最终实现方式要依靠现金净流入。

比如，甲打算购买一台 A 设备，已知价格是 280 万元，预期设备能使用三年，每年年末能收到现金收益 121 万元。假设甲拟用来购买 A 设备的是自有资金，国债利率是 10%。请问甲该不该买这台设备？

根据上述公式可以计算出，该公司第一年收益现值为 110 万元 [121/（1+10%）]，第二年收益现值为 100 万元 {121/[（1+10%）×（1+10%）]}，第三年收益现值为 90.91 万元 {121/[（1+10%）×（1+10%）×（1+10%）]}。那么，该资产价值为三年收益现值之和，即 300.91 万元。

因为 280 万元的价格低于其价值 300.91 万元，所以在不考虑其他因素的情况下，甲购买该资产是经济且合理的。

现金流折现模型的种类很多，有股利现金流折现模型、企业现金流折现模型等，读者可自行了解相关内容。

6.3.3 市盈率模型

市盈率（Price Earnings Ratio，PE）也称"市价盈利比率"，是最常用的评估股价水平是否合理的指标之一，由股价（Price）除以年度每股收益（EPS）得来。

PE 与戴维斯双击

有一个非常简单的公式能够阐明所有股市的变化，股价的涨跌、成长率的高低都逃不出它的手掌心。

$$P（股价）= PE（市盈率）\times E（每股收益）$$

这个公式是由下面这个公式变形得到的。

$$PE（市盈率）= P（股价）/ E（每股收益）$$

PE 是一个股票指标，是股价与每股收益的比率，体现的是花钱买的每一份股票需要多少年能收回投资。

其逻辑为，股价即每股买价，也就是你在每一份股票上的投资成本，每股收益是每一份股份每年能获得的收益（不管是给你分红还是投入企业经营，都属于作为股东的你）。假设你花 8 元钱买股票，今年每股收益为 2 元，如果以后的每股收益保持不变，那么你收回投资成本 8 元就需要 8 / 2 = 4 年，4 就是 PE 的值。

这里好奇的读者可能会问，如果 PE 是投资收回的年份，那么 PE 为 50、60，甚至 100 多的股票，就代表着五六十年，甚至 100 多年才能回本，看起来遥遥无期，为什么还会有人出这么高的价格买呢？

要解答这个问题，必须回归到公式本身。

$$P（股价）= PE（市盈率）\times E（每股收益）$$

PE 和 E 的乘积构成了股价，而它们有着显著的区别：E 是确定的，可以从公司的年报中精确地获取。这是由公司本身的价值决定的，是价值主导的。PE 是不确定的，是可以高可以低，飘忽不定的。换句话说，这是由市场的看法决定的，是情绪主导的。

现在就可以解释之前那个 PE 为 100 多的问题了：市场上的投资者相信这家公司未来的盈利状况，即使现在的每股收益还不高，他们仍然相信未来每股收益会增长，这就使得他们对这家公司保持乐观态度，从而在高 PE 的状态下买入该公司的股票。至于他们为什么会保持乐观，则是我们要讨论的另外一个问题。

根据图 6-6 可知，当市场比较旺盛，情绪高涨的时候，PE=200，E=0.5，股价是 100 元；当市场比较冷清，情绪低落的时候，PE=100，E=1，股价也是 100 元；而当企业本身状况不错，市场情绪又高涨的时候，PE=200，E=1，股价就能够翻番跃升到 200 元。

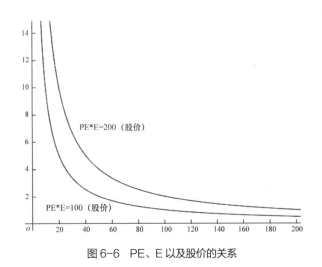

图 6-6　PE、E 以及股价的关系

返回公式 P（股价）=PE（市盈率）×E（每股收益）。

投资者买股票，抛开分红的因素，目的就是希望股价能持续上涨。根据这个公式，就可以很清楚地考察股价上涨的条件。

（1）PE 涨，E 跌，但 PE 上涨的幅度大过 E 下跌的幅度，最终的乘积 P 仍旧上涨。在这种情况下，市场情绪极其高涨，投资者无视公司的基本情况，就像小米创始人雷军说的"在风口上，猪都能飞"。

（2）PE 跌，E 涨，但 PE 跌的幅度小于 E 上涨的幅度，最终的乘积 P 仍旧上涨。在这种情况下，市场情绪悲观，但所购买股票的业绩强势，顶住了 PE 下跌的压力。

（3）PE 和 E 一方保持不变，另一方上涨。PE 不变，市场情绪没有发生变化，E 上涨；E 不变，市场情绪转向乐观，E 保持一贯的盈利水准，此时股价上升。

（4）PE 上涨，E 上涨。这就是俗称的"戴维斯双击"，PE 和 E 的同时上涨带来了指数级上涨的效果，最终形成暴涨。（相反，如果 PE 和 E 同时下跌，会造成指数级下跌的效果，最终形成暴跌，被称作"戴维斯双杀"。）

下面我们解释一下这个公式与股市相关理论的关系。

在一个成熟的市场，信息相对公开、透明，股市的投资者、上市公司的管理者、投资机构等一系列的股市利益主体都比较成熟理性，偶尔发生情绪波动很正常，但从一个大的时间范围来看，市场情绪相对稳定。这使得 PE 不会发生剧烈的变化，投资者很难从市场的波动，即 PE 的波动上获得超额回报。大家都重点关注 E，即每股收益等公司的基本面。因此，投机无法成为成熟市场的主流，投资理论在成熟市场更为流行。

而在不成熟的市场，PE 大幅波动，可以从个位数拉到一百多，又从一百多跌到十几。这样剧烈的波动为投机者投机提供了广阔空间，这也是股市投机行为泛滥的原因。

因此，投资股票，既要能看懂公司的基本面，对 E 有一个良好的判断，也要洞察世道人心。把准 PE 的七十二变，实属不易。

知识链接

戴维斯家族

戴维斯双击的"创始人"斯尔必·科伦·戴维斯（Shelby Cullom Davis）出生于 1909 年，1947 年以 5 万美元起家，45 年赚了 18000 倍（9 亿美元），年化回报为 23%。

儿子斯尔必·戴维斯（Shelby Davis）于 1969 年开始经营戴维斯纽约创投基金（Davis New York Venture Fund），30 年投资累计回报 75 倍，是标准普尔 500 指数[①]的两倍。

孙子克里斯·戴维斯（Cris Davis）是戴维斯精选顾问公司的掌门人、成功的基金经理，管理资产超过 470 亿美元（约合 3000 亿元人民币）。

6.3.4 清算价值模型

清算价值模型是一种考虑安全边际的底线思维估值模型。它考虑的是在最坏的情况下，即企业倒闭清算时，企业清偿债务后剩余的价值。

清算价值模型能够带给我们对这个企业安全价值最直观的判断。

道理很简单，假设你花 25 万元可以买一家公司 100% 的所有权，这家公司偿还所有债务之后，现金及银行存款剩余 30 万元。那你买了这家公司，至少纯赚 5 万元，又会有什么风险呢？当然，这种好事不常有。

$$清算价值 = 折算调整后资产 - 负债$$

（1）计算调整后资产。

资产的类型不同、折算率也不同。现金、银行存款等资产，企业掌握百分百所有权，可以 100% 收回，折算率为 100%；有价证券等资产，考虑其赎回需要手续费、可能存在资产减值等，折算率小于 100%，要根据具体情况预估折算率；应收账款等资产，考虑坏账情况，折算率小于 100%，要根据具体情况预估折算率。其他资产类型类似，根据实际情况估计折算率后，算出折算调整后的资产总值。

（2）减去负债。

用调整后的资产总值减去负债，即企业的清算价值。

[①] 标准普尔 500 指数：标准普尔是世界权威金融分析机构，其提供的标准普尔 500 指数（S&P 500 Index）是记录美国 500 家上市公司的股票指数，为美国投资组合指数的基准。

6.3.5 市净率模型

市净率（Price Book Value Ratio，PBV）是指每股股价与每股净资产（Book Value）的比率。每股净资产代表的是股东每股享受的资产权益。两者的比率代表每享受1个单位的净资产，股东需要花费的成本或者代价。比如，每股股价是10元，每股净资产（即净资产除以总股数）为5元，那么市净率为2，即花2元钱购买1份股票，而你这1份股份现在拥有1元（即1个单位）的净资产。有读者可能会问：为什么要花2元钱买一个值1元钱的东西呢？

这是因为市净率模型是个存量模型，代表的是你现在拥有的。你之所以购买它，除想拥有它的资产外，更期望它未来能带来可观的收入。所以，如果你花2元钱买了1元钱的企业净资产，你多花的1元钱其实是买了企业未来的盈利。如果企业盈利可观，你多花的这1元钱不用几年就能赚回来。但也并不是说市净率模型不重要，实际上它非常重要，因为它为你购买企业股票画了一条安全线。当你在市净率为2、股价为2元时买了这家企业的股票，在企业没有重大财务造假或者隐瞒情况存在时，你这只股票很难跌至低于1元，即跌50%以上。这时候，你买了这只股票就会只赚不亏（当然也不一定，这里只需简单理解，不展开深入讨论），具体原因已在清算价值模型中说明。这也是把这一节放在清算价值模型之后的原因。当然，由于每个行业的具体情况不同，不同行业的市净率也可能存在较大不同。

本章小结

1. 财务指标：偿债能力指标、营运能力指标、盈利能力指标。

2. 证券分析指标：K线图、移动平均线。

3. 查理·芒格提倡的模型思维及相关推荐。

4. 常用估值模型：资本资产定价模型、现金流折现模型、市盈率模型及戴维斯双击、清算价值模型、市净率模型。

书 单 推 荐

书名	作者
1.《海龟交易法则》	［美］柯蒂斯·费思
2.《查理·芒格的原则》	［美］特兰·格里芬
3.《金融经济学二十五讲》	徐高
4.《量化投资十六讲》	朱晓天，本力
5.《戴维斯王朝》	［美］约翰·罗斯柴尔德
6.《股票大作手回忆录》	［美］埃德温·勒菲弗
7. 欧姆社学习漫画（31本）	［日］小岛宽之等

第七章

练就一双识别财务造假的火眼金睛

7.1 造假动机与粉饰类型

7.2 财报审计的那些事

7.3 财报造假识别总结

7.4 造假案例分析：绿大地

7.1 造假动机与粉饰类型

财务造假是财务界一个经久不衰的话题,也是一个很尴尬的话题。对于财务数据,最基本也是最重要的要求就是真实,否则一切数据均失去了意义。但真实的数据往往与部分人的既得利益刚好相反,由此,财务造假应运而生。

财务造假是指造假行为人违反国家法律、法规、制度的规定,采用各种欺诈手段在会计账务中弄虚作假,伪造、变造会计事项,掩盖企业真实的财务状况、经营成果与现金流量情况的行为。这种行为严重违背了会计职业道德、扰乱了市场经济秩序,同时也严重损害了广大投资者的合法利益。

因此我们必须了解这种行为并抵制它,从而保护自己。

7.1.1 造假动机

有句谚语:"天黑路滑,人心复杂。"一些企业管理者和相关财务人员为了个人利益,直接或者间接进行一系列违背职业道德的会计处理,修改报表真实内容、掩饰企业真面目,从而达到牟取个人私利的目的。

造假的方法千千万,造假的动机却无非有几大类,总结起来有如下几种。

(1)骗股民,保证股价;

(2)骗银行,多搞点钱;

(3)骗监管层,争取上市;

(4)骗税务局,少交点税;

(5)骗上级领导,把本属于自己的黑锅甩掉。

财务造假动机如图 7-1 所示。

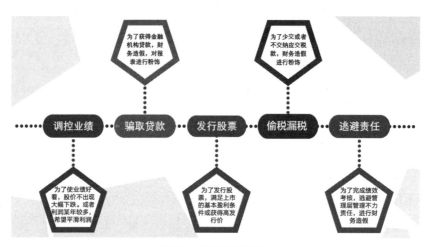

图 7-1 财务造假动机

7.1.2 粉饰类型

财务报表包括三种粉饰类型：利润业绩粉饰、财务状况粉饰、现金流量粉饰。

这在逻辑上很好理解，我们都知道财务报表中重要的三张表是资产负债表、利润表、现金流量表，造假者为了粉饰这三张表，三类不同的粉饰手法就应运而生了。

财务报表粉饰类型如图 7-2 所示。

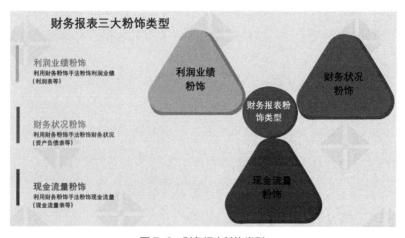

图 7-2 财务报表粉饰类型

从上述三大粉饰类型来看，一张表造假容易被拆穿，必须三张表同时造假才能让报表粉饰显得不那么"突兀"。所以，造假也没那么容易，何苦呢？

假的永远真不了，因为为了圆一个谎，需要编无数个谎。财务报表造假也是这样，资产负债表要造假，利润表也要配合造假，同时现金流量表也要造假。随着表的数量增多，造假难度也会随之增大，更不用说合并报表之类更为复杂的问题了。今年造假，明年、后年、大后年，总有一天是要穿帮的。因此，为了短期利益，不顾长期利益，实属得不偿失。

这正应了那句古话——卿本佳人，奈何做贼！

7.1.3 粉饰手法细节类型及详解

在利润业绩粉饰、财务状况粉饰及现金流量粉饰这三大粉饰类型中，利润业绩粉饰是通过一系列违规手法调整利润来实现的；财务状况粉饰，是通过提高"资产"、降低"负债"来实现的；现金流量粉饰，是通过"创造"与公司经营业绩相匹配的现金流量来实现的。财务报表造假粉饰手法如图7-3所示。

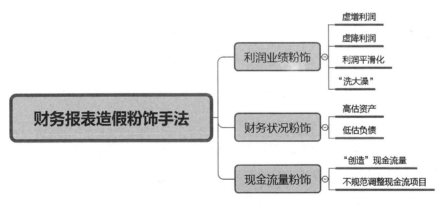

图7-3 财务报表造假粉饰手法

这三大粉饰类型中的八条细节手法，具体如图7-4所示。

图 7-4 粉饰细节手法

为了帮助读者更深入地理解造假行为，我们以一个蛋糕店老板的财务造假不归路为例，为大家通俗地讲解一下财务造假的过程，帮助大家在日后轻松识别这些套路。

王师傅和他的面包店

王师傅开了一家面包店，很多客人在面包店里购买了储值卡，储值卡里有储值额度，如果客户决定不再消费，卡中余额可以退还现金。

有一天，王师傅要去银行贷款，因为面包店的利润越高，贷到款的可能性越大，于是，王师傅把昨天开卡的几十个客户的充值全部确认了收入。但实际上，这些收入是客户尚未消费的，并不属于现在，应该在未来真正消费时确认。

面包店在王师傅的提前确认收入下，利润虚增，财务状况并不符合企业的实际情况。

此手段为"虚增利润"。

王师傅的面包店业务做大了,开始给一些大的单位供货,年底一次结清,所以王师傅在外面往往有几笔待收回的货款。

今年利润还可以,王师傅要交一笔企业所得税(这里是案例,不考虑小微企业所得税减免优惠),他便动了歪脑筋,荷花路小学的那笔货款数额比较大,于是,王师傅把这笔应收货款转成了坏账损失,尽管小学的会计昨天刚打过电话,说马上就能打款了。

"反正先省一笔企业所得税再说。"王师傅这样想,然后马上跟小学会计打了一通电话,要求收现金。

此手段为"虚降利润"。

王师傅的面包店因为地处旅游城市,旅游收入一年好、一年不好,所以业绩每一年都不同。

王师傅想找人入伙,但是这时好时坏的业绩,又怕投资人觉得不稳定,王师傅希望能够让业绩变得稳步上升,哪怕一开始业绩上升得比较缓慢,只要年年都在往上走就行。

于是,王师傅在利润高、效益好的年份,把本来是收入的记在"其他应付款"里,那么收入就被隐藏了,税也能少交不少。而在利润不好的年份,把一些该付的费用成本记在"其他应收款"里,挂成往来,隐藏了成本,利润就被高估了。

此手段为"利润平滑化"。

王师傅因为几次财务操作,爱上了财务"造假",做面包手艺反倒荒废了。于是,面包店倒闭了。

王师傅的一位远房亲戚,是一家公司的老板兼董事长,由于对公司前任CEO不满意,解雇了前任CEO,邀请王师傅出任新CEO。

王师傅上任之后,发现这家公司现在问题很多,正愁眉苦脸之时,突然计上心来——反正前任CEO都背了这么多"锅"了,何不再背一些?于是王师傅把坏账、积压存货、放着很多年没用的健身器材，通通给弄成了损失，今年业绩从报表上看，巨亏。王师傅哈哈一笑，明年再烂也会比今年好。

此手段为"洗大澡"。

王师傅当上 CEO 以后，总觉得公司资产规模太小。最近市场风云变幻，"黑科技"井喷，新的科技导致一台老旧设备（固定资产）丧失了价值，王师傅为了让资产规模好看点，决定不计提该设备折旧，也不计提减值准备。

于是，这台市场上分文不值的设备，账面上价值仍旧虚高。

此手段为"高估资产"。

董事长交给王师傅一个融资的任务。企业负债已经不少了，可屋漏偏逢连夜雨，因为侵权等问题，最近公司被同行业竞争对手告上法庭，结果败诉，需要赔偿一大笔钱。

王师傅知道这些事情之后，不做任何会计处理，也不予以披露。

此手段为"低估负债"。

王师傅之前对资产负债表、利润表等进行了粉饰，结果在去银行贷款的时候，被眼尖的客户经理发现，现金流量表中的现金流量太差，三张表严重不匹配。贷款的事情黄了，王师傅被董事长骂得狗血淋头。

吃一堑长一智，王师傅与一家关系密切的公司联系好，让对方以"购买货物"的名义打一笔"货款"，但实际上并没有发生货物交易。等拿到银行这边融资之后，通过业务往来再还给这家公司。

就这样凭空"创造"了现金流量。

此手段为"创造现金流量"。

王师傅拿着造假完的三张表又去银行了，又被银行打回来，不予通过。

王师傅很纠结，银行客户经理告诉他："你们的筹资现金净流量、投资现金净流量比较好，但经营现金净流量还是不行，说明你们业务做得一般，我们这边通过不了。"

王师傅心一横，得，回去继续改表吧！

公司部分资金早些时候拿去买了其他公司股票，这几只股票涨得还不错，正好分了现金红利，王师傅把这些本属于投资活动的现金流量全部列到经营活动现金流量里。

此手段为"不规范调整现金流量项目"。

王师傅经过"不懈努力"，终于将财报造假做成了全套。他兴奋地拿着这些"假"表去银行贷款，可行长老谋深算，依然看出了问题，将他打回了原形。

公司因为没有融资续命，于是破产。

王师傅在财务界已经臭名远扬，没坐牢已经是万幸。于是，他只好重新做起面包生意。跟以前不同的是，之前王师傅工作用心，面包做得好吃，现在却再也做不出原来的味道。后来，面包店也倒闭了。

从此以后，再也没有人见过王师傅。只是偶尔听到传闻，王师傅把市中心的房子卖了，搬到了北京五环外。

7.2 财报审计的那些事

审计是指由专设机关依照法律对国家各级政府及金融机构、企业事业组织的重大项目和财务收支进行事前或事后审查的独立性经济监督活动。通俗地理解，审计就是"查账"。

审计分为政府审计、内部审计（简称"内审"）和第三方独立审计。它们的不同之处在于，政府审计是政府审计机关来"查"，内审是由企业内部机构进行的一种"自查"，第三方独立审计则是由外请的相关第三方独立机构来进行的审计。

一般来说，政府审计经常与公务违规、违纪相挂钩；而内审由于"企业内部"利益关系比较密切，没有第三方审计来得严格，可能会"不痛不痒"。政府审计，一般重点核查的是会计凭证，主要查"单笔"业务是否有违规情况，是否符合相关政策规定，原始凭证是否真实，业务是否虚构，从业务逻辑钩稽关系或利用实地调查、多方询问、单独询问等方式，确定业务的真实性等。而第三方审计业务造假的概率并不大，其主要是查实"账务处理"，是不是有财务人员利用专业知识，对账务进行了"美化"等。我们这里主要谈的是第三方独立审计。

第三方独立审计虽然叫作"独立审计"，但其实也没有那么"独立"。

世界上，曾经有五所最知名的会计师事务所，分别是安达信（Arthur Andersen）、德勤（Deloitte）、安永（Ernst & Young）、毕马威（KPMG），以及普华永道（PwC）会计师事务所。

对会计行业比较熟悉的读者可能会问：现在大家不是经常说"四大会计师事务所"吗？这里怎么变成"五大"了呢？

问得好！因为其中最大的一家——安达信会计师事务所已经倒闭了。成立于1913年的这家全世界最大的会计师事务所，倒闭的原因是"安然事件"。

 案例

安然事件

"安然事件"是美国历史上最大的财务欺诈事件之一，事件的主角——安然公司，是美国的一家能源巨头。

当时，安然公司通过各种手段，尤其是构建特殊目的实体

> （Special Purpose Entity，SPE），将本应计入会计报表的资产、负债不列入，同时，业绩上享受着 SPE 带来的利润。这使得安然公司累计高估利润 5.91 亿美元，减计负债 25.85 亿美元。在 21 世纪初，这个数额是非常惊人的。
>
> 自 1985 年开始，安达信就已经负责安然公司的审计业务，事件发生后人们发现，安然公司有 100 多名来自安达信的雇员，董事会里有一半以上的董事与安达信有直接或间接的联系。与安然公司利益关系错综复杂的安达信，出具了严重失实的审计报告和内部控制报告。
>
> 更严重的是，安达信销毁了几千份安然公司审计工作底稿及相关档案，性质极其恶劣。
>
> 结果就是，安达信倒了——但这不是我要说的重点，我要说的是，再权威的第三方独立审计机构，在巨大的利益面前，专业水准也可能会被故意降低。
>
> 因此，财务造假的识别绝对不能靠利益关联方，而要靠我们自己来练就一双"火眼金睛"！

7.2.1　审计意见

审计意见是指审计师在完成审计工作后，对于鉴证对象是否符合鉴证标准而发表的意见。对于财务报表审计而言，则是对被审计单位的财务报表是否已按照适用的会计准则编制，以及是否在所有重大方面公允反映了其财务状况、经营成果和现金流量发表意见。

通俗地说，就是审计过财务报表之后，对财务报表出具的相关意见。"真实与否""信息披露到位与否"，决定了财务报表是否具有价值，更与投资者的切身利益息息相关。

审计意见类型总共有五种，如图 7-5 所示。从上往下，越往下程度越严重，表明审计师对该财务报表越不认可。一般而言，审计师出具的都是"标准无保留意见"。如果审计师出具的是"无法表示意见",那么该企业的财务报表被认为毫无披露价值,企业可能存在重大问题。

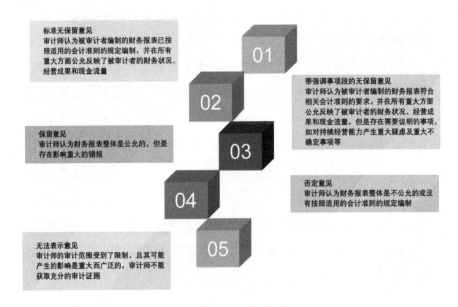

图7-5 审计意见类型

7.2.2 什么是内部控制

内部控制是指由企业董事会(或者由企业章程规定的经理、厂长办公会等类似的决策、治理机构,以下简称"董事会")、管理层和全体员工共同实施的、旨在合理保证实现企业基本目标的一系列控制活动。

当一家企业的内部控制做得比较好的时候,审计师往往可以依靠这个内部控制系统更好地开展审计工作。可以说,内部控制充分体现了企业的管理水平。

例如,会计与出纳不得兼任就是内部控制制度的一项规定;一万元以上的报销单必须经由总经理签字也是内控制度的一项规定(为了保证管理层知悉并同意大额的出款)。内部控制的本质是通过制度性的约束,减少企业的非外部性风险。通俗地说,就是防止企业自家后院失火。

内部控制的几大要素如图 7-6 所示。

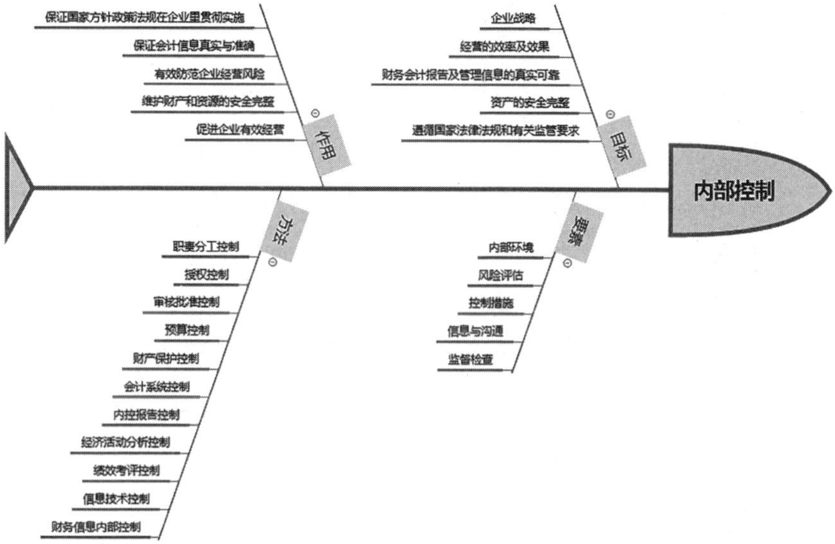

图 7-6　内部控制

7.2.3　注册会计师

注册会计师（Certified Public Accountant，CPA）是指通过注册会计师执业资格考试并取得注册会计师证书，在会计师事务所执业的人员，指的是从事社会审计、中介审计、独立审计的专业人士，CPA 是中国官方唯一认可的注册会计师资质，也是唯一拥有签字权的执业资质。也就是说，前文说到的"审计意见"（在审计报告中）必须有注册会计师（CPA）的签字才能生效。

> **知识链接**
>
> **注册会计师考试**
>
> 考试采用百分制，考试科目分别为会计、审计、财务成本管理、经济法、公司战略和风险管理、税法。

一般情况下，60 分为合格分数线。

我国《注册会计师法》规定，具有高等专科以上学历，或者具有会计或相关专业中级以上技术职称的人，可以报名参加注册会计师全国统一考试。按照规定，考试成绩合格者，颁发由全国注册会计师考试委员会统一印制的全科合格证书，并可申请加入中国注册会计师协会，完成后续教育，成绩长期有效；否则，其全科合格成绩仅在自取得全科合格证书后的 5 年内有效。单科成绩合格者，颁发由全国注册会计师考试委员会统一印制的单科合格证书，单科合格成绩的有效期也是 5 年，即考生在取得单科合格证书后的连续 5 次考试中，免试已合格科目。在连续 5 次考试中，取得全部单科合格成绩者，可持有效的全部单科合格证书，向省级考试委员会申请换发全科合格证书。考试允许单科报考，6 科成绩均通过即合格，并取得注册会计师证书。

考试难度较大，证书含金量比较高（注册会计师考试与司法考试通过证书，都是投行非常看重的）。据统计，考试 6 门科目每门的通过率在 10%～15%。

7.3 财报造假识别总结

财务报表造假舞弊预警信号指的是企业具有舞弊可能性的一些表现，即财务可能"患重疾"的一系列"症状"。如果你发现企业存在这些预警信号，那么你就需要对这个企业提高警惕。

财务报表造假舞弊预警信号大致分为五种，如图 7-7 所示。

图 7-7　财务报表造假舞弊预警信号

收入类信号、成本类信号往往与利润操控有关，这是最经常出现造假的地方。因为大部分财务造假的动机，都是调节利润，从而稳住股价。

资产类信号、负债类信号往往与企业并购有关，造假企业希望做大资产，让对手付更多的钱，或者隐瞒负债，在并购完成之后把债务甩给对方。

披露类信号则类似小学生没带作业，又怕挨老师骂，支支吾吾不吭声。这种信号一般说明企业问题较多，无良好的财务处理办法，只能靠"混"字，希望能瞒天过海。

1. 收入类信号

收入类信号的表现如图 7-8 所示。

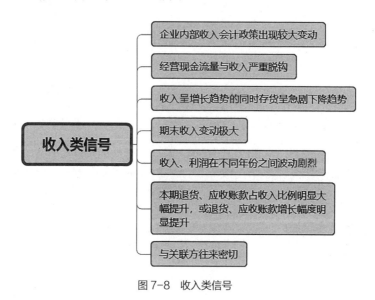

图 7-8　收入类信号

收入类信号并不难理解，企业内部收入会计政策的变动，可能导致收入确认的改变。原来一些不能确认为收入的，现在说不定可以了，收入就"提高"了。如果这是非必要情况下的政策调整，那就值得注意了。

经营现金流量与收入严重脱钩，说明目前的收入与实际流入企业的"真金白银"节奏不一致。账上有利润，钱没收进来，且数额相差较大，很可能存在虚构收入、虚增利润等问题。

总之，我们必须留心收入类信号的不正常变化。

2. 成本类信号

成本类信号的表现如图7-9所示。

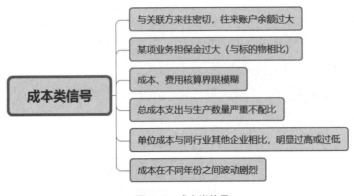

图7-9 成本类信号

与关联方来往密切，往来账户余额过大。因为两方联系多、关系紧密，可能存在双方共同构造业务转移成本的可能。某项业务担保金过大，可能是实际已经支出的成本，通过这种担保金方式改头换面，成为往来科目，从而不计入成本中。成本费用核算界限模糊，给会计处理、成本调整留有比较大的空间。

3. 资产类信号

资产类信号的表现如图7-10所示。

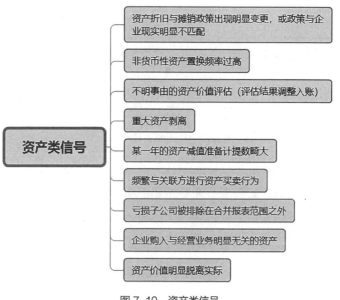

图 7-10　资产类信号

潜在投资者希望要投资的资产是优质的，而对于现股东而言，资产越好，其股权就越值钱。资产类信号就是监控资产价值不正常变动的指标：资产折旧与摊销政策明显变更，通常会带来相关资产在会计计量上的变化；非货币性资产置换频率过高、不明事由的资产价值评估，可能有调整资产价值的目的；重大资产剥离给公司提供了调整资产价值的机会；某一年的资产减值准备计提数畸大，说明资产在后续计量方面可能有不正常的情况发生，等等。

总而言之，涉及资产调整相关的变动，尤其是反常的变动，都值得投资者警惕。

4. 负债类信号

负债类信号的表现如图 7-11 所示。

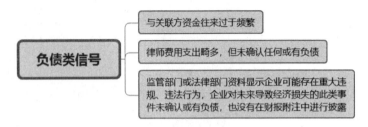

图 7-11 负债类信号

关联方由于利益相关,且业务有关联,常被"有心人"用来处理或者隐瞒负债。过于频繁的不合业务逻辑的资金往来,往往存在有隐藏负债的可能性。律师费用支出特别大,说明企业可能有诉讼在身,但未进行披露,存在或有负债可能;监管部门等披露了企业违规、违法行为,这通常会导致企业产生负债(罚款、赔偿等),但企业未披露,有隐瞒负债的可能。

5. 披露类信号

披露类信号的表现如图 7-12 所示。

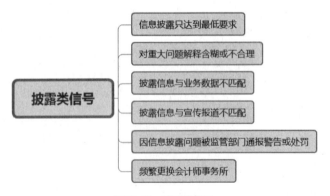

图 7-12 披露类信号

披露类信号提醒的问题所具有的普遍特点是,应该披露的信息不披露、减少披露或者披露不真实。其目的通常是掩盖企业的真实状况,欺瞒投资者等相关利益人。

7.4 造假案例解析：绿大地[①]

云南绿大地生物科技股份有限公司（以下简称"绿大地"）于1996年6月成立，2007年12月21日在深圳证券交易所正式挂牌上市，是国内绿化苗木行业的首家上市公司，云南省首家民营上市企业。公司的主营业务是苗木种苗生产及销售、盆栽植物及观赏苗木的生产及销售、绿化工程设计及施工等。

这么看，其主营业务与名字"绿大地"还是很贴合的。一转眼15年过去了，2011年，"3·15"刚打假没多久，3月17日，其董事长便因涉嫌欺诈发行股票、债券罪被公安机关执行逮捕，3月21日，中国证券监督管理委员会官网披露，绿大地涉嫌虚增收入（导致利润虚增）、高估资产（虚增资产）等多项违法行为。

那么绿大地是怎么进行财务造假的呢？

1. 虚增收入

绿大地设立了一系列由企业直接控制的关联公司，伪造发票、合同，凭空虚造了并不存在的"交易"作为绿大地的收入。

下面我们来具体分析一下关联公司的虚构交易。

绿大地在上市之前，有许多"贡献"非常大的下游企业，如昆明祥佑旅游开发有限公司、昆明鑫景园艺工程有限公司等。2007年绿大地上市之后，昆明祥佑旅游开发有限公司于 2007 年 8月进行了工商注销；昆明鑫景园艺工程有限公司于 2010 年 2 月 3 日进行了工商注销。

这些公司都做了哪些贡献呢？

[①] 中国会计视野. 绿大地欺诈上市案 [EB/OL]. [2013-2-6]. http://news.esnai.com/focus/lvdadi/

在上市前,他们给绿大地贡献业绩,把公司往 IPO 方向狠狠推了一把,点燃了上市的火箭。然后,在完成了历史任务之后,纷纷注销,退出了商业舞台,实在是"事了拂衣去,深藏功与名",很难不引起监管机构的注意。

果然,经过调查发现,在上市前三年的筹备期,绿大地通过虚假苗木交易销售,编制虚假会计资料,将其控制的子公司的销售款转回,虚增营业收入 2.96 亿元。其实从 2004 年开始,5 年时间内,绿大地集团通过这样的方式虚增收入累计高达 5.47 亿元。

2. 高估资产

绿大地对资产高估的程度令人"叹为观止"。

法院的判决结果显示,绿大地在 2004 年购买了马龙县旧县村委会 960 亩(0.64 平方千米)的土地,账面金额为 955 万元,成本仅 50 万元,多出的 900 余万元全是虚增资产;所购马龙县土地累计 3500 多亩(约 2.33 平方千米),实际价值仅为 170 万元,账面资产价值为 3360 万元,虚增资产 3000 多万元。

类似这样的高估资产例子,绿大地还有很多,造假数额之大、频次之多,令人咋舌。

3. 问题分析

我们事后分析一下,其实发现这些问题也并没有那么难。

以下几点重点可疑信号,可以提前帮我们发现这家公司的重大问题(符合之前提到的预警信号)。

(1)与关联方来往过于频繁密切;

(2)土地单价远高于周边价格,资产价值与实际相去甚远;

(3)频繁更换会计师事务所;

(4)不同年份之间的利润变动过于剧烈。

这些预警信号,足以引起投资者的警觉。

4. 后续

2013年2月7日，昆明市中级人民法院对绿大地欺诈发行股票案作出一审判决。法院认定云南绿大地犯欺诈发行股票罪、伪造金融票证罪、故意销毁会计凭证罪，判处罚金1040万元；绿大地原董事长何某被判处有期徒刑10年。绿大地原财务总监蒋某因犯欺诈发行股票罪、伪造金融票证罪、违规披露重要信息罪，数罪并罚，判处有期徒刑6年，并处罚金30万元；原财务顾问庞某犯欺诈发行股票罪、伪造金融票证罪、违规披露重要信息罪，数罪并罚，判处有期徒刑5年，并处罚金30万元；原出纳主管赵某判处有期徒刑5年，并处罚金30万元；原大客户中心负责人赵某判处有期徒刑2年3个月，并处罚金5万元。

本章小结

1. 财务造假的概念。

2. 财务造假的五种动机：调控业绩、骗取贷款、发行股票、偷税漏税、逃避责任。

3. 财务报表三大粉饰类型：利润业绩粉饰、财务状况粉饰、现金流量粉饰。

4. 财务报表粉饰手法：虚增利润、虚降利润、利润平滑化、洗大澡、高估资产、低估负债、创造现金流量、不规范调整现金流量项目。

5. 审计的类型：政府审计、内部审计及第三方独立审计，审计意见，曾经的"五大会计师事务所"，安然事件。

6. 内部控制的概念及其作用，注册会计师考试及其难度。

7. 财务报表造假舞弊预警信号：收入类、成本类、资产类、负债类、披露类。

8. "绿大地"造假案例。

书 单 推 荐

书名	作者
1.《让数字说话》	孙含晖,王苏颖,阎歌
2.《房间里最精明的人:安然破产案始末》	[美]贝萨尼·麦克莱恩 彼得·埃尔金德
3.《财务诡计》	霍华德·M.施利特, 杰里米·佩勒 龙尼·恩格尔哈特
4.《破解上市公司易容术》	黄玲
5.《会计》	中国注册会计师协会

第八章

手把手带你读财报

8.1 蒙牛乳业:快消品是巴菲特的最爱

8.2 腾讯:互联网投资的逻辑全部在这里

8.1 蒙牛乳业：快消品是巴菲特的最爱

众所周知，快消品是巴菲特投资的最爱。如喜诗糖果和可口可乐都是他的经典之作。那么问题来了，股神为什么这么喜欢快消品？

究其原因，大概有以下几点。

（1）资金回流快，现金流良好。

（2）规模较大，龙头股普遍具有规模优势。

（3）一只好的快消股票标的具有渠道优势，能够形成"护城河"（别人进不来）。

（4）容易理解其盈利模式、分析价值（正是由于这个原因，巴菲特称自己从不投资科技股）。

（5）因为快消品属于生活必需品，价格弹性小（换句话说，价格无论涨跌，大家都得买），基本上属于全周期行业，周期震荡较小，受经济大盘影响小，相对而言较平稳。

除了以上原因，巴菲特投资还有一个非常重要的要求：他喜欢这家企业的产品。

巴菲特曾经在股东大会上这样说道："投资那些会让人亲你一口的产品。"说的就是要重视产品，而快消品行业能否生存关键也在于产品。

可口可乐公司是巴菲特人生中最为成功的投资之一，可口可乐也正是巴菲特最爱的饮料。哪怕知道可口可乐可能并没有那么健康，巴菲特也这样说："我愿意为喝可口可乐而少活几年！"

乳制品行业是典型的快消品行业。而伊利是中国乳制品行业业绩排名的第一梯队，它的净资产收益率秒杀行业众多对手，傲视群雄。然而，这里我要分析的却是蒙牛。

蒙牛与伊利之间有着千丝万缕的联系，而且说来话长。

1999年，牛根生（蒙牛创始人）因为和郑俊怀（时任内蒙古伊利实业集团股份有限公司董事长、党委书记兼总裁）对伊利发展的分歧巨大，离开伊利创办了蒙牛，通过不断的努力，走进了中国千家万户。

可以说，中国的乳制品行业是个非常特别的行业。

中国的乳制品企业是最具全球化意愿的：伊利是2008年北京奥运会的赞助商；蒙牛签下了阿根廷球星梅西，并赞助了2018年俄罗斯世界杯。这也客观反映了中国乳制品企业的全球化野心。这是他们与世界接轨的"新"的地方，同时，他们也有"旧"的烙印，很多乳制品企业的管理模式比较传统，产品线也长期维持几条旧有产品线，并沿袭旧俗。

乳制品行业两个最重要的标签，一个是"广告"，另一个是"渠道"。正如前面提到的，营销对乳制品销售行业来说非常重要，"广告"是绝对大头。从财务报表的数据来看，广告体现在"销售费用"里，乳制品企业三费里的"销售费用"一般来说要远远高于管理费用及财务费用，这与行业的特性有关。

广告是乳制品行业的必争之地。据财报数据显示，2019年伊利在广告营销上投了110亿元，而伊利2019年的净利润才69.5亿元左右，对比一下广告费用与净利润，就知道乳制品企业为了广告有多舍得花钱。

综合来看，2019年蒙牛、伊利及光明三家乳制品企业的重要财务指标对比如表8-1所示。

表 8-1 2019 年蒙牛、伊利以及光明的财务指标对比

2019 年全年指标 （或年末截面数据指标）	蒙牛	伊利	光明	直观结论
流动比率	1.18	0.82	0.88	乳业的资金链（现金流）压力较大
速动比率	1.02	0.57	0.60	三家企业的速动比率均偏低
资产（亿元）	785.37	604.61	176.37	资产规模差别大，蒙牛规模最大
负债（亿元）	451.90	341.87	102.20	—
所有者权益（亿元）	333.47	262.74	74.17	—
资产负债率（%）	57.54%	56.54%	57.95%	资产负债率差不多
营业收入（亿元）	790.3	900.09	225.63	伊利营收表现最好，蒙牛紧追其后
营业成本（亿元）	493.51	563.92	155.05	—
销售增长率（%）	14.57%	13.97%	7.52%	蒙牛与伊利增速接近，光明落后较大
毛利率（%）	37.55%	37.35%	31.28%	毛利水平三者差别不大
净利率（%）	5.44%	7.72%	3.02%	伊利的净利率最高，从资产规模来看，资产回报效率比蒙牛高
存货周转率（次数）	10.53	8.53	7.15	—
净利润同比增长率（%）	34.09%	7.73%	29.57%	蒙牛与光明增长速度较快
销售费用（亿元）	215.36	210.70	48.60	销售费用真的不便宜

从表中不难看出，三家企业的流动比率、速动比率都不太高，尤其是光明，如果跟别的行业的企业比，甚至连中游都算不上。作为乳制品企业的龙头，资金压力都如此大，整个行业的资金链压力可想而知了。我们可以初步得出一个结论，在乳制品行业，现金流极其重要，乳制品行业属于零售行业，根据业务模式来看，销售部门的责任极其重大。

从资产规模来看，蒙牛与伊利遥遥领先。大家都知道，蒙牛创立得

比伊利晚,但蒙牛的资产(785.37亿元)却比伊利的(604.61亿元)更多,虽然企业的资产并不是越多越好,但蒙牛这些年的发展速度是有目共睹的。

从净利率来看,伊利的净利率为7.72%,比蒙牛5.44%高,说明伊利利用比蒙牛规模要小的资产,创造了更高效率的净利润回报,资产的利用效率要更高。

从营业收入与营业成本来看,伊利营业收入最高,但伊利、蒙牛两者毛利润(营业收入-营业成本)差别不大,伊利略高。

从销售增长率来看,伊利与蒙牛不分伯仲,光明与它们存在不小差距。

三家企业毛利率水平差别不大,都为30%多,蒙牛、伊利相对比较好。但从毛利率与净利率的对比来看,三家企业都是30%多的毛利率,怎么突然净利率就都变成个位数了呢?

原因在销售费用上。蒙牛2019年毛利润为296.79亿元,当年销售费用为215.36亿元;伊利2019年毛利润为336.17亿元,当年销售费用为210.70亿元;光明2019年毛利润70.59亿元,当年销售费用为48.60亿元。销售费用普遍占了毛利润的2/3甚至更高,扣掉了销售费用,利润率自然急速跌坠。

从存货周转率来看,蒙牛最高。

蒙牛、伊利、光明三家乳制品企业2019年的现金流量情况如表8-2所示。

表8-2 2019年三家乳制品企业的现金流量情况对比

单位:亿元

现金流项目	蒙牛	伊利	光明
经营活动现金净流量	63.07	84.55	24.10
投资活动现金净流量	-175.3	-99.99	-18.29
筹资活动现金净流量	106.14	-10.16	-21.70

从经营活动现金净流量来看，伊利最为强劲，蒙牛紧随其后，光明最少。三家企业的投资活动净现金流量都是负数。前面在现金流量一章中提过，投资活动现金净流量为负不一定是坏事，要看具体"投资"了什么。

根据三家企业现金流量表项目显示，蒙牛的投资活动现金流出里，支出最大的是购置投资存款 166.54 亿元、收购子公司 65.80 亿元、购置在建工程 29.68 亿元（蒙牛在香港上市，现金流明细科目与内地不完全相同）。在财报附注里，没有看到蒙牛对这些科目投资的详细说明。

伊利、光明的投资活动现金流出里，最高的都是"购建固定资产、无形资产和其他长期资产支付的现金"，伊利为 92.43 亿元，光明为 20.53 亿元。遗憾的是，伊利、光明都没有财务附注详细说明这个科目的具体投资情况。

对筹资现金流影响最大的：伊利 2019 年取得借款收到的现金 165.70 亿（流入），偿还债务支付的现金 99.37 亿（流出），股份回购 58.03 亿（流出），同时分红 44.06 亿（流出）。蒙牛 2019 年计息银行贷款所得款项 140.31 亿（流入），偿还银行贷款 76.67 亿（流出）。光明 2019 年借款 59.20 亿（流入），偿还债务 77.71 亿（流出）。

市盈率及净资产收益率分析

2019 年蒙牛、伊利、光明三家乳制品企业市盈率（PE）及净资产收益率（ROE）对比如表 8-3 所示。

表 8-3　2019 年三家乳制品企业市盈率及净资产收益率对比

现金流项目	蒙牛	伊利	光明
PE	26.69	26.90	30.95
ROE	14.10%	24.79%	10.06%

注：市价数据来源于 2019 年最后一个交易日的收盘价，每股盈余、净利润数据来源于 2019 年年报期末数据，净资产数据来源于 2019 年年报期初数据。港币按照 2019 年 12 月 31 日港币兑人民币即时汇率收盘价予以调整。

从表中可以看出，PE 最高的是光明，伊利和蒙牛差不多。仅仅从 PE 上看，蒙牛和伊利都具有不错的投资机会。

2019 年，蒙牛净利润同比增长率为 34.09%，伊利为 7.73%，不如蒙牛，距离光明 29.57% 的净利润同比增长率亦相差甚远。

蒙牛、光明净利润增速抬头，发展势头良好，但并不能说明伊利做得不好。2019 年伊利的净利率为 7.72%，高于蒙牛的 5.44% 和光明的 3.02%；净利润为 69.51 亿元，高于蒙牛 42.96 亿元和光明的 6.82 亿元。从数据上看，伊利净利润增速不如其他两家的原因，可能是抵到了行业天花板，而其他两家无论净利润还是净利率都有比较大的涨幅空间。

从 PE 衡量市场情绪的角度来看，光明的 PE 略高于伊利、蒙牛，说明市场对光明要更为乐观一些，因此价值投资的风险也更高一些（更乐观的估值凸显了更高的股价，一旦达不到预期，股价会产生更大波动）。但是，三者之间的 PE 差别并不算很大。

从其他各个指标来看，伊利是毫无疑问处于领先地位，尤其是 ROE，从长期来看，在不出现大的政策变动和重大企业问题之前，是个不错的投资标的。从净利润同比增长率来看，蒙牛的成长性不错，未来决策正确，也能有较好发展。仅从财务角度来看，光明与前两家比还是稍微有些差距的。

不过，研究公司的财报数据只是投资的重要一环，企业管理层的能力水平、战略的正确与否都与企业发展密切相关，无法完全量化。对企业的认识，财报仅仅是个切入点，企业的其他各个层面的内容与信息也非常重要，投资者要认真研究、掌握规律、佐助投资。

8.2 腾讯：互联网投资的逻辑全部在这里

中国互联网三巨头有个俗称"BAT"，分别是百度（B）、阿里巴巴（A）以及腾讯（T）。从这几年的发展势头来看，阿里巴巴和腾讯发展极快，逐渐甩开了 BAT 里的 B，成了中国互联网企业里最大的两家龙头。

腾讯更是多点开花，凭借游戏领域牢不可破的地位以及微信的异军崛起，成了互联网里公认的"大佬的大佬"。

说到腾讯，不得不提的就是其创始人——马化腾。

马化腾，1971 年出生在海南，后随父母来到深圳定居。1989 年，马化腾参加高考并顺利考上了深圳大学。深圳大学位于改革开放桥头堡的深圳，时代的洪流与机遇，使得它孕育了以马化腾为代表的众多优秀互联网企业家，这是后话了。

在大学时期，计算机工程专业的马化腾没有闲着，他开发了一个股票分析软件，并成功售出，赚了 5 万元（在当时是笔巨款）。后来，受到 ICQ 的启发，马化腾找来了张志东、许晨晔、陈一丹以及曾李青，5 人共同创立了腾讯，当时最主要的产品就是 OICQ（后改名为 QQ）。

随后，OICQ 大受欢迎，成功获得了 IDG Capital 以及电讯盈科的投资。

多年以后，在主业顺风顺水的情况下，腾讯靠着涉足更多行业，以及在这些行业成功的投资策略，走上了发展的快车道。

尤其是 2011 年，腾讯推出微信，仅 433 天，用户即达到 1 亿。截至 2019 年，微信用户达到 11.5 亿，全球超过 200 多个国家、地区在使用，腾讯的发展又上了一个台阶。在 2017 年年底、2018 年年初，腾讯市值一度稳居中国上市企业市值第一，是十足的巨无霸企业。

在中国互联网企业里,腾讯是毫无疑问的第一梯队,而且涉足领域多,投资布局广。正确了解腾讯,就能以其作为切入点,理解互联网投资发展的逻辑。

1. 腾讯发展方向的四个关键点

腾讯发展方向的四个关键点包括社交、移动支付、游戏及战略投资。

从社交功能来看,目前腾讯最重要的社交切入口就是微信,而腾讯的移动支付,即微信支付,也需要依靠微信这个巨大的平台。据调查,截至2019年年底,微信支付已连接超过5000万个体商户,微信二维码收款已成为人们日常重要的消费交易工具。这在一定程度上凸显了微信支付的强大影响力。

微信带来了优质的流量,对于流量的挖掘,是社交、移动支付方向未来增长的关键。

财报显示,2019年四季度,腾讯的海外游戏收入同比增长一倍,占全部网络游戏收入的23%。按照日均活跃用户计算,2019年全球前十最受欢迎的智能手机游戏中,腾讯开发了其中五款,独占半壁江山。其网络游戏总收入增长至1147亿元,该收入增长主要依靠国内手机游戏《王者荣耀》《和平精英》等的收入贡献。而腾讯的社交网络收入增长17%,为852.81亿元,其主要来源于直播服务与视频流媒体订购等收入。

据不完全统计,2019年腾讯投资项目总数在104个左右。腾讯的投资版图很辽阔,一些已经拥有一定江湖地位的优质互联网公司,如京东、美团、滴滴、知乎等,都有腾讯投资,这也是腾讯被称为"大佬的大佬"的原因。

不但在国内,腾讯在国外,如美国、英国、日本等地,也有投资项目——著名电动车企特斯拉,腾讯持816.75万股,占5%,是其第五大股东。

巴菲特不投互联网行业,原因是互联网行业的变化太快——经常屁股还没坐稳，就有后来者居上了——护城河太浅，谁都不能保证基业长青。

腾讯的四个方向配置的合理性在于，既有目前的"现金牛"业务，也有未来预期的优质业务，还有战略投资形成的各类"种子"——留着以后开花结果。但需要注意的是，投资是把双刃剑，有投资眼光、投资能力，投资就能带来预期非常好的收益；如果投资水平不够，那么很容易造成现金流短缺，使得企业血本无归。

当然，具体问题要具体分析。2019年腾讯财务指标情况如表8-4所示。

表8-4 腾讯财务指标情况

2019年全年指标 （或年末截面数据指标）	腾讯	直观结论
流动比率	1.06	正常水平
速动比率	1.05	正常水平
资产（亿元）	9539.86	与之前的乳制品龙头企业比较，就知道腾讯资产规模有多大
负债（亿元）	4651.62	—
所有者权益（亿元）	4888.24	—
资产负债率（%）	48.76%	—
营业收入（亿元）	3772.89	—
营业成本（亿元）	2097.56	—
销售增长率（%）	20.66%	销售增长率不错
毛利率（%）	44.40%	毛利率水平优秀
净利率（%）	25.42%	净利率不错
净利润同比增长率（%）	19.88%	—

从表中的财务指标来看，腾讯运行稳定，没有重大的资金压力。其规模庞大，9539.86亿元的资产规模，差不多是12个蒙牛、15个伊利和

54个光明的资产规模了。

利润水平优秀。考虑到其庞大的资产规模,能获得接近50%的毛利以及25.42%的净利润,说明腾讯实在太会赚钱了。

表8-5所示为2019年腾讯的现金流量表。

表8-5　2019年腾讯现金流情况

单位:亿元

现金流项目	腾讯
经营活动现金净流量	1485.90
投资活动现金净流量	−1161.70
筹资活动现金净流量	16.72

投资活动现金净流量支出了1161.70亿元,但与我们想的不一样,这其中支出最大的项目是856.01亿元的"存入初步为期超过三个月的定期存款"。通俗地说,就是腾讯年底有856.01亿元暂时没地方花,去存了定期存款(或买了定期存款类型的银行产品)!

2. 市盈率及净资产收益率分析

2019年腾讯市盈率及净资产收益率情况如表8-6所示。

表8-6　2019年腾讯市盈率及净资产收益率情况

现金流项目	腾讯
PE	33.98
ROE	26.92

注:市价数据来源于2019年最后一个交易日的收盘价,每股盈余、净利润数据来源于2019年年报期末数据,净资产数据来源于2019年年报期初数据。港币按照2019年12月31日港币兑人民币即时汇率收盘价予以调整。

从表中不难看出,腾讯的PE不算低,所以未来也必须要保持一定的净利润增速,才能消化掉消费者的预期。但从纵向看,腾讯的PE较前几年有所下降。而且可以看出来，腾讯的 ROE（这个指标是期初数）是相当高的，因此，在腾讯股票价格不贵的时候买入，是比较划算的。

综上所述，腾讯的资产规模庞大，盈利能力非常强大，但 PE 也相对不低，当然对于腾讯这类优秀企业来说，也说不上高。所以，需要对腾讯的各项投资进行更加深入的分析。如果腾讯未来预期良好，甚至超预期，那么在对其现金流折现进行估值后，选择一个有安全边际的价格进行买入，不失为一个良好的投资。笔者抛砖引玉，欢迎读者进行下一阶段财报之外的更深入的研究。

本章小结

1. 乳制品行业蒙牛、伊利及光明财务指标分析。
2. 快消品作为价值投资的优秀标的的原因。
3. 乳制品行业对广告投入的普遍重视。
4. 乳制品企业财报分析、指标分析、现金流量分析，以及 PE/ROE 分析。
5. 中国互联网行业标杆——腾讯。
6. 腾讯的来历、腾讯发展方向的四个关键点。
7. 腾讯企业财报分析、指标分析、现金流量分析，以及 PE/ROE 分析。

书 单 推 荐

书名	作者
1.《巴菲特的护城河》	［美］帕特·多尔西
2.《巴菲特与索罗斯的投资习惯》	［澳］马克·泰尔
3.《腾讯传》	吴晓波
4.《指数基金投资指南》	银行螺丝钉
5.《指数基金投资从入门到精通》	老罗

后记 这本书想要带给读者什么

写这本财报书已经大半年了,码字、作图、与编辑老师沟通,内容从无到有、删删减减,一步步慢慢地充实与完成。期待这本书的出版,就像等待自己心爱的花草,在辛勤浇水、翻土、施肥之后,逐渐长成一样,紧张而又激动。

写这本书的目的很简单,就是希望能把与财报分析有关的知识,用通俗易懂的语言介绍给读者。之前上学的时候,学习各类财务课程时,老师总会提到很多理论,而这些理论,单是概念就已经足够晦涩难懂了,除非有很大的毅力,否则很难耐着性子,一口口啃完这块难啃的"知识面包"。

面对这种情况,大多数人会望而却步,从而丧失了学习这些课程的热情与兴趣。但学习应该是有趣的,也必须是有趣的。

一是进步的乐趣,如胡适所说的,"怕什么真理无穷,进一寸有一寸的欢喜"。能够感受到自己的进步,尤其是知识上的进步,是件非常令人愉快的事情。而无论我们开始学习时是出于功利的还是非功利的目的,被知识武装过的大脑,都会实现从量变到质变的跨越。历史上智力超群、成就伟业的人,他们的共同特点基本都是"好读书"。"好读书"这三个字,高频率地出现在牛人的传记里,如《史记·陈丞相世家》里的陈平,"陈丞相平者,阳武户牖乡人也。少时家贫,好读书";《晋书·苻坚下》里的王猛,"博学好兵书,谨重严毅,气度雄远";《新唐书·李密传》中的李密,"以蒲鞯乘牛,挂《汉书》一帙角上,行且读。越国公杨素适见于道,按辔蹑其后,曰:'何书生勤如此?'"。

二是思辨的乐趣,矛盾之处前后印证,在蛛丝马迹里找寻接近真理的线索。例如会计恒等式"资产 = 负债 + 所有者权益",这个公式可以说是现代会计的基础之一,但是我第一次学习它的时候,就有一个疑问:"有没有资产增加,而负债和所有者权益都不增加的情况呢?"从公式上来看,是不可能的,因为它是等式,所以如果资产增加,那么负债或所有者权益必有一个增加,且等式左右两边增加的数额必须相等。有特例吗?思来想去,发现确实没有,于是我对公式的理解变得更深,思考让我得到了快乐。

在写这本书的过程中,我学习和研究了大量的财务知识,因此,我对自己的定位是一个"知识搬运工",负责把财务知识用通俗易懂的语言搬运到各位读者的面前。能完成这本书,并不是我一个人的力量,是众多的财务先辈皓首穷经,经岁月流年积累的知识,撑起了这本书,所以不敢独自贪功。我深刻地理解了牛顿"我只是站在巨人的肩膀上"这句话的真实含义,惊讶地发现自己只是一个在知识的大海边拾取贝壳的小伙子。

我尽量把财务知识写得通俗、简单、有趣一些,写得大家爱看一些。很多财务专业的朋友可能觉得这本书没什么难度,的确,本书主要是为喜爱财务知识的入门读者准备的。曾国藩说过,自己是诸人之中最为愚钝的,我也深有同感,为了大家,也来一次"翻箱倒柜",做一回勤奋的"财务科普者"。能够为大家提供点学习财报的小乐趣,我就已经心满意足了。

最后,感谢未铭图书的黄磊老师,以专业、认真、负责的态度,一次次耐心地提出意见,完善我的书稿,让我学到了很多。感谢北大出版社的编辑和各位领导,这本书的出版离不开他们的大力支持与辛勤工作。感谢我的家人,是他们一次次的鼓励,让我能够长久地坚持这项工作。感谢我的老师们,是他们给了我知识的启蒙。感谢所有为财务知识添砖加瓦的先贤们,有了他们的贡献,财务这门专业才如此生动可爱。

书不能尽意,余不一一。

感谢阅读!

参考文献

[1] 曼昆. 经济学原理 [M]. 梁小民,梁砾,译. 北京:北京大学出版社,2015.

[2] 肖星. 一本书读懂财报 [M]. 杭州:浙江大学出版社,2019.

[3] 刘志远. 高级财务管理 [M]. 上海:复旦大学出版社,2007.

[4] 弗雷德里克·S·米什金. 货币金融学 [M]. 郑艳文,等译. 北京:中国人民大学出版社,2016.

[5] 孟庆宇. 人人都看得懂的财报书 [M]. 北京:北京联合出版公司,2014.

[6] 宋莹. 思维导图从入门到精通 [M]. 北京:北京大学出版社,2018.

[7] 瑞·达利欧. 债务危机 [M]. 赵灿,熊建伟,刘波,译. 北京:中信出版集团,2019.

[8] 杰里米 J. 西格尔. 投资者的未来 [M]. 李月平,等译. 北京:机械工业出版社,2018.

[9] 朱晓天,本力. 量化投资十六讲 [M]. 北京:北京大学出版社,2019.

[10] 特兰·格里芬. 查理·芒格的原则 [M]. 黄延峰,译. 北京:中信出版集团,2018.

[11] 徐高. 金融经济学二十五讲 [M]. 北京:中国人民大学出版社,2016.

[12] 孙含晖，王苏颖，阎歌．让数字说话：审计，就这么简单［M］．北京：机械工业出版社，2016．

[13] 沃伦·巴菲特．巴菲特致股东的信：股份公司教程［M］．陈鑫，译．北京：机械工业出版社，2005．

[14] 帕特·多尔西．巴菲特的护城河［M］．刘寅龙，译．北京：中国经济出版社，2019．

[15] 吴晓波．腾讯传（1998-2016）［M］．杭州：浙江大学出版社，2017．

[16] 中国会计视野．绿大地欺诈上市案［EB/OL］．[2013-2-6]. http://news.esnai.com/focus/lvdadi/